秦东魁 著

打开幸福之门

秦东魁讲**弟子规**

团结出版社

图书在版编目（ＣＩＰ）数据

打开幸福之门：秦东魁讲《弟子规》/ 秦东魁著
. -- 北京：团结出版社，2016.5（2023.4 重印）
ISBN 978-7-5126-4072-6

Ⅰ . ①打⋯ Ⅱ . ①秦⋯ Ⅲ . ①古汉语 – 启蒙读物②
《弟子规》– 研究 Ⅳ . ① H194.1

中国版本图书馆 CIP 数据核字 (2016) 第 065998 号

出　　版：团结出版社
　　　　　（北京市东城区东皇城根南街 84 号　邮编：100006）
电　　话：（010）65228880　65244790（出版社）
　　　　　（010）65238766　85113874　65133603（发行部）
　　　　　（010）65133603（邮购）
网　　址：http://www.tjpress.com
E-mail：zb65244790@vip.163.com
　　　　　tjcbsfxb@163.com（发行部邮购）
经　　销：全国新华书店
印　　装：三河市东方印刷有限公司

开　　本：145mm×210mm　　32 开
印　　张：7.5
字　　数：133 千字
版　　次：2016 年 10 月　第 1 版
印　　次：2023 年 4 月　　第 3 次印刷

书　　号：978-7-5126-4072-6
定　　价：32.00 元

contents 目录

第二讲　出则弟

第四讲　信

/ 序 /
对话本真的心灵

我是个记者，做了许多年的新闻报道，所以习惯性地先把最重要的感受放在前面写。

第一，这是一本很能唤醒心灵力量的书，一本引导我们接近幸福的书。如果要为我这一生读过的书排个名，这本书一定名列前三名。

如果从今往后有人要我推荐书，我一定首先推荐这本书，甚至不惜用"泪荐"等夸张的方式，并欢迎群众围观。

如果非要评价这本书的价值，我会说一句话："人生必读之书，其中总有一句话或者一段文字能改变你的一生。"

或许没看过的读者会觉得这样的评价有点儿过分，但是，如果你真能安静地坐下来，用一个晚上去翻阅其中的两三章，或者用一个星期去把它读完，你会发现一种润物细无声的力量，悄悄地潜伏进了心底最本真的那个角落。

我 30 岁的表弟，在南昌日报社当记者，在看完这本书初稿的前两章后就给我打了一个电话，他说："哥，我看着看着，忽然心里就酸得不行，破天荒地站起来走到厨房帮我妈洗了一次碗。结果把我妈感动坏了。"

我就笑着和他说："是呀，我原来总对我妈不耐烦，觉得和她没法聊天沟通，读完这书以后，我每次打电话都温柔地和她聊半天，把她快乐得不行。"

我们兄弟俩聊了一晚上，忽然发现，无论是像他那样在父母身边，还是如我一般不在父母身边，我们这些四处忙于求学、工作、结婚、生子、升职的 70 后和 80 后都忽略了父母的感受，我们在不停地索取关爱的同时，却没有回馈给父母任何东西。

我们总想等有钱了再孝敬父母，总想等自己不忙了再说，可看完这本书后，我们发现，或许父母等不起了，他们的眼花了，腿脚差了，牙掉了，听不清了，山珍海味、壮丽美景对他们都没有意义了。其实，有钱孝顺不错，没钱一样可以孝顺呀。像我们两兄弟的感觉就是如此，一句话就可以温暖他们，一个洗碗的小举动就可以感动他们，父母要得很少，可惜我们给得更少。

以上只是我自身的一个小例子，还有很多改变犹如春夜喜雨般播撒在我生活的周围，引导着我这样一个曾经的愤青渐渐从烦躁、失落、埋怨中走出来，感受到这世界的爱和温暖。

第二，这是一本转变我们思维的书，一本帮我们摆脱烦恼的智慧之书。由于是从课堂讲义演化而来，这本书具有强烈口语化的风格，没有一般书面文字的死板和规矩。但正因为口语化，我们更能感觉到那新鲜活泼的智慧，仿佛跳跃在纸面上。

比如秦老师常说一句话："我们只能感动别人，但不能教育别人。"有一次看见人随手扔垃圾，我去制止他，叫他别扔，告诉他扔垃圾不对，结果没有任何好转，惹得自己还要和人吵一架。后来，看见人一扔，我就捡，再扔，我再捡，捡了3次以后，那人不扔了。我还意外地感动了一个人和我一起捡。

"我们只能感动别人，但不能教育别人。"这句话仿佛给我的思维打开了一扇新的门。一直以来，我觉得自己很善良、很正义，所以都在批评，都在抱怨，都在指责，无论是对人还是对社会。看完秦老师的书以后，我第一次反问自己，我是一个善良的人吗？

原来，我总想改变社会，改变不了就抱怨，抱怨无济于事，心情就越加烦躁。现在，我问自己，为什么不先从改变自己做起呢？自己都改变不了，谈何改变社会呢？改变自己，才能感动别人，别人感动更多人。从自己做起，才能把改变社会的能量扩大。

　　原来，我一直给身边的人传递负面的情绪，在埋怨和愤怒中失去了自我。既然可以选择，为什么我不选择传递爱和关怀呢？如果你爱你的家庭，爱这个世界，就请用感动和爱来改变世界，因为你每传递一份爱和感动，都能让你的家人、你的爱人、你自己和更多其他人生活在更多爱里面。这不是比我们每天在网络上发泄抱怨，而又改变不了任何事物要更美好吗？

　　换一个思维后，我忽然发现，当我决定传递爱的时候，自己的世界就已经充满了爱和力量。

　　像"我们只能感动别人，但不能教育别人"这样的智慧，书里面确实还有很多，留给大家自己去挖掘。

　　第三，说几句我自己对这本书中道理运用层面的理解。身边一个朋友在读完这本书时就和我聊：书里好像有些话自相矛盾。比如"我们指责别人的缺点就是缺德，我们发现自己的缺点就是开悟"这句话很有道理，那么秦老师指出了那么多人的缺点，那不是老缺德了吗？而且，照这个道理说，我们难道发现别人错了，都不能指责别人了？

　　我觉得，其实道理并不矛盾，关键是道理所针对的阶段不一样。"指责别人的缺点就是缺德，发现自己的缺点就是开悟"这句话，针对的主要是现代人喜欢苛责别人而宽容自己的毛病，是提出来的改变之法而已。我们不能把它当成绝对真理来衡量一切。

别人的缺点不是不能提，关键在于在提别人缺点之前，我们要先问自己是否做到了，我们是否出于善意。如果自己做到了，才有提建议的基础，再加上智慧地提出建议的方法，和以身作则感动人的行为，才能真正起到善意帮人提醒的作用，不然还是添乱。

就像我们生下来只能先学走，再学跑一样。走是基础，跑是在走稳了以后才能学习的进阶姿态。自己做好、感动别人是基础，提善意的建议、帮助别人改变是进阶。

走和跑是两个不同阶段的道理运用，我们别因为跑而否定走，更不能跳过走，直接跑。

书里面还有很多类似的道理冲突，都是因为基于不同层面而已。比如上面这个例子，希望这个比喻能帮更多读者去理解这本书。

最后，说几句掏心窝的话。作为一个傲气的人，我很少叫人老师，但在比我年纪小，只有小学学历的秦东魁面前，我心甘情愿地佩服他，称他为老师。因为，他这样一个胖乎乎的苦口婆心的 80 后，确实说出了一堆让我惊讶、让我感动，更改变了我生活的智慧。

知道、悟到、做到才能得到。这本书里的每个道理，都是做到，才能得到的。不然，只是点缀我们嘴巴的空话而已。秦老师说的所有道理，他自己都做到了，所以才有如此感动人的力量。

希望看完这本书后，你能为妈妈洗个碗，陪爸爸聊个天儿，陪老婆而不是情人浪个漫，希望这本书能改变你的生活，唤醒你心灵的力量，找回失去的自我……

总之一句话：泪荐本书，跪求围观！

沈寅（复旦大学新闻学院新闻学硕士，《人民日报》经济新闻版副主编）

总　叙

为什么要学习
《弟子规》？

弟子规　圣人训

首孝弟　次谨信

泛爱众　而亲仁

有余力　则学文

我们在选择学习一门学问时，一般要注意两点：第一，要考证它适不适合我们学；第二，我们敢不敢学。

我们都知道《弟子规》原名《训蒙文》，是指导孩子由小到大的一种教材。《弟子规》为清代康熙年间的秀才李毓秀所作，其核心是孔老夫子的思想，已历经多年的历史考验了。

我们现在很多人求新、求异，把自己的儿女、家庭当成试验品。很多家长选择教育书籍，会去书店看不同国家的书，头两天觉得教育孩子用美国方法特别好；过两天一看，英国方法也不错。那这些方法我们敢不敢学？说心里话，不敢学。

任何一个国家甚至地方的教育体系都按照当地国情乃至地方的教育状况而定，会随着时间、地域的改变而改变，不见得是"放之四海而皆准"的真理。而《弟子规》则不同，它就像黄金一样，在任何地方都是金光灿灿，在任何一个地区都很适合。

所以我们在选择学习人生规范时，一定要选择有历史考证的、有圣人传承的、有古人作序的东西，这个才是我们该学的东西。我们学习《弟子规》的目的就是返璞归真，做一个真正的人。

现在许多教育子女的书籍我都不敢看，为什么？它把你的子女当成试验品。它教什么？竞争。教你要竞争当班长，要表现，那久而久之就变成斗争了。斗争再深一步就是战争，战争再深一步就是末日了，这样容易树敌。

这样的教育教下去的结果，就会使我们没有恩义，不会珍惜，失掉亲情。我今天和一个朋友聊到这个问题，他说他给一个朋友帮了九次忙，都非常成功。第十次没帮好，这个朋友就不理他了，误会他了，他觉得人真是不懂得感恩。

我说："这是正常的，现在的人都是利益朋友，并非真心。"我们大家看现在的这个朋友的"朋"的简写的正字，是双月，月亮是晚上出来的，在你需要光亮的夜里出现，患难之交，这叫朋友，这是我对"朋"字、朋友的一个理解。我们现在的朋友是什么呢？锦上添花，这不是朋友，是由利益带来的盟友。

我们为什么要学习《弟子规》呢？就是让我们活得像人。因为我们现在的人活得不像人，很苦，真的很苦。

《弟子规》不仅是针对学生的，也是需要我们每一个人去学习、去落实的。我们不要认为自己长大了、上年纪了，就不用再学《弟子规》了。说心里话，我们更要好好学，因为你的子女不孝顺你、骂你、不听话，其实都是因为你教育不当。《三字经》上讲："养不教，父之过。"大人把《弟子规》学好了，子女跟着就学会了。所以《弟子规》是不同身份、年龄的人都该学习的。

读圣贤书，做善良的人

《弟子规》以《论语·学而第一》第六条"弟子入则孝，出则弟，谨而信，泛爱众，而亲仁，行有余力，则以学文"为纲目。以三字一句、两句一组分为五个部分加以阐述，具体列出为人子弟在家、出外、待人、接物、求学应有的礼仪与规范，特别讲求家庭教育与生活教育。

《弟子规》这本书是依据至圣先师孔子的教诲而编成的生活规范。我们每一个人都要生活，生活没有规范是很可怕的。

第一条，"弟子规，圣人训，首孝弟，次谨信"是讲在日常生活中首先要做到孝顺父母、友爱兄弟姐妹；其次在一切日常生活、言语行为中要小心谨慎，要讲信用。

《弟子规》中的"弟子"所指的就是学生，也就是父母的子弟。广泛来讲，弟子可以说是每一个人。为什么？因为人活到老、学到老，可以说我们一辈子都在学习。既然都在学习，理所当然就是学生。我们每一个人都是圣贤人的学生。"规"就是规范、道理。"弟子规"就是指做人应明白的道理，做人应尽的规范。我们从这三个字就可以了解这本书的用意，就是教我们如何做一个善良的人，做一个孝顺父母的人，做一个有礼貌的人。

有一颗善良的心你就会感恩、会珍惜，珍惜才能拥有。当你有一颗珍惜的心，你才会拥有朋友，拥有亲情，感恩才能天长地久。我们时常说感恩父母、感恩兄弟姐妹、感恩老板、感恩世上所有直接以及间接帮助过我们的人。

如何做一个善良的人？首先要从"口"做起，天天说好话，让父母高兴、家庭和睦，使人与人之间没有棱角。善由口做。现在很多人跟我说："秦老师，我很善良，就是脾气很暴。"请问，您脾气上来的时候把人伤了，您是好人还是坏人？那还是坏人嘛。您发脾气时，除非没有冲撞对象，这叫好人；如果你有冲撞对象，并且厉害地冲撞了家人，这也叫不善良。

其次，做一个孝顺父母的人。我们都是三四十岁的人了，还在天天骗父母，我们有没有孝顺父母？没有。父母在孩子小时候就希望儿子成龙、女儿成凤。我们倒好，初中都读不完就开始打游戏、上网。上学学一年学不会，打麻将两天就会了，这不是孝顺啊。

在这些孩子眼里，父母就是白痴，因为父母不懂网络。他天天打游戏，却对父母讲在学习。我就碰到过，孩子跟他妈妈说："你们文盲，你不知道，电脑天天教我学习，我都当团长了。"其实他是在游戏里头当团长了。像这样的孩子有没有骗到父母？其实没有。他骗的是他自己，以后步入社会找不到工作，才知道晚了，后悔没学习，后悔没有珍惜父母给自己的上学机会。

亲近有仁德的人，提高人生修养

下面讲总叙的"泛爱众，而亲仁，有余力，则学文"。"泛爱众"指和大众相处时要平等、博爱。我们现在人有没有这种观念？没有，我们看见人家是省长时，恨不得贴在人家身上，恨不得他什么都不用动，给他饭也端来、水也端来；但要是看见一个乞丐，恨不得说："去去去，赶快走远点！"我们有没有平等博爱的心呢？没有。

我们甚至在亲戚之中都有嫌贫爱富的心态。我就碰到过这类的现象。有两姐妹，姐姐非常有钱，就十分害怕妹妹上她家来。这个姐姐跟我说："我妹妹家里太穷了，每次来给我们带点儿不值钱的东西，走的时候我们还得大包小包地送她东西。"这是亲姐姐讲的话，有没有平等博爱呢？没有。

我在 2008 年 8 月注册了一个博爱图书馆。为什么叫"博爱"？因为当时有 100 多人报名参加做义工，称为"博爱志愿者"。他们要经常去学校送书、资助。每个志愿者出去的时候身上都挂一个"博爱志愿者"的牌，表明义工的身份。

博爱图书馆是在民政局正式注册的非营利性组织，以赠送国学书籍为主。一年只开一次会，大家自发轮流在图书馆里做值日。参与志愿服务的时候所有的义工都要自己掏路费、餐费。这种和平相处、互相扶助的精神就是"博爱"。

"而亲仁"是指要亲近有仁德的人，向他学习。但我们真能做到亲近有仁德的人吗？说心里话，没有。在我们老家那边打麻将的风气很重，父母亲朋都是"笑里藏刀脚对脚，垒起长城孩子乖"。父母一边打着麻将一边跟儿子说，你赶快学习去，妈妈（爸爸）赢了钱以后给你买好吃的。孩子就会说我等一会儿去学习，我先给你出谋划策，让你赢了这把再说。这样的孩子在亲谁啊？亲麻将啊。

现在的人不光是没有亲仁，还在天天接触恶缘、搬弄是非，天天嘴里吐垃圾，说这家媳妇不好，那家老人不好；说父母不好，兄弟姐妹不好；说老板不好，公司不好；等等。

我们大家都知道"物以类聚，人以群分"。所以我们要做一个圆满的人，就要明白要多去亲近有仁德的人，这点非常重要。

所以我们大家一定要远离恶的环境，多亲近仁德的人。平时在教育自己子女的时候，慈祥是可以的，可是度要掌握好，不然就会"慈母多败儿"。你败你儿子是小事，你儿子以后危害社会，给国家、人民带来灾害就是大问题了。

我经常跟我爱人说，我宁愿儿子是白痴，都比他祸世好。白痴不祸世，他吃饱、喝好就行了。现在的人太聪明了，你看很多高学历的人在干什么？不是不赡养自己父母的，就是出卖自己国家的。所以我说，宁愿白痴，不愿祸世。白痴只是害到自己，而祸世却会害很多人。

所以我们要明白孔老夫子所讲的东西，无非让我们把人做好而已。因此教育的基础目标就是把青少年培养成孝敬父母、友爱兄弟、谦虚待人、讲究信用、团结他人的人，要让孩子拥有高尚的品德，这才是教育应该达到的目的。

可是我们现在都是怎么教育孩子的？跟孩子说："儿子，你要努力跟别人竞争，要当班长；儿子，你打架不用害怕，爸爸有钱，都可以摆平；儿子，你不用怕老师，老师要是对你不好，我去投诉他。"等等。所以说我们现在为人父母的人大多都不懂得该怎么教育孩子。还有很多父母也很懒散，把自己的孩子交给保姆，交给老师，自己玩自己的、忙自己的。殊不知父母是儿女的第一任老师，也是他们最亲近的老师，所以父母的言行最为重要。

很多人一听让他学《弟子规》就说："我没有时间啊。"其实他真的那么忙吗？倒也未必。学习要利用三余：一年之余、一天之余、平日之余。冬天为一年之余，冬天一般天黑得很早，正好可以早早回家看看书；晚上为一天之余，因为每一天晚上空闲时间还是多的，肯定可以抽出一点儿时间去学习；雨天为平日之余，如果下雨了，就少出去逛街，少点儿娱乐活动，可以在家里学习。

第一讲

入则孝

父母呼 应勿缓 父母命 行勿懒
父母教 须敬听 父母责 须顺承
冬则温 夏则清 晨则省 昏则定
出必告 反必面 居有常 业无变
事虽小 勿擅为 苟擅为 子道亏
物虽小 勿私藏 苟私藏 亲心伤
亲所好 力为具 亲所恶 谨为去
身有伤 贻亲忧 德有伤 贻亲羞
亲爱我 孝何难 亲憎我 孝方贤
亲有过 谏使更 怡吾色 柔吾声
谏不入 悦复谏 号泣随 挞无怨
亲有疾 药先尝 昼夜侍 不离床
丧三年 常悲咽 居处变 酒肉绝
丧尽礼 祭尽诚 事死者 如事生

孝敬父母，从言语和行动开始

我们现在进入《弟子规》的第一篇《入则孝》，"父母呼，应勿缓，父母命，行勿懒"。

这句话是说父母在叫我们的时候，要及时去答应他们，不要不理不睬。父母叫你做什么，就要立刻去做，不拖延、不推辞、不偷懒。在孝顺父母上面，这是首先应该做到的。

当父母让你向叔叔阿姨打招呼时，如果你没有打，或者很明显地敷衍了事，当场就会折损父母的面子。别人一看，父母教育出来这么没有礼貌的孩子，就会轻视你的父母，这就是损父母的心，伤父母的身，折父母的志。

现在的小孩儿天天花父母的钱，感觉父母像银行一样，取之不尽，用之不竭。从没想过父母为了给孩子挣学费、生活费，付出了多少辛劳。我听说现在甚至有十五六岁的孩子就开始抢夺父母的财产，天天盼着父母把财产转到自己名下，不仅对父母不孝顺，甚至盼着父母早点儿死，他好继承遗产。

现在电视里有时会演给老人让座位、照看孤寡老人等公益活动的短片。说心里话，做人本该如此，只是我们现在太缺乏基本的做人准则。所以国家政府没办法，只能天天这样推广，告诉我们什么才是应该做的。你看《感动中国》做得多好。其实，一个孝子的行为完全可以影响整个社会的风气，唤醒更多人的孝心，让更多的人懂得知恩图报。

我们接下来往下看，"父母教，须敬听，父母责，须顺承"。

第一句前半句是"父母呼，应勿缓"，指言语的方面；后半句是"父母命，行勿懒"，是要我们用行动来体现孝顺。"父母教，须敬听"，是指父母教你不要和同学打架，不要去上网，不要去和朋友偷东西，不要做很多不好的事情，我们做子女的应该怎么办？要听啊。

现在我们有几个愿意听"父母教"的？我就遇到很多三四十岁的人跟我说："秦老师，你看我妈是不是更年期？"我说："怎么了？"他说："我妈天天啰啰唆唆的，出个门老说你要注意开车，不要喝酒，天天如此。"我们想没想过，你要不是她的儿子，她会管你吗？愿意教你吗？不愿意的。不论儿女多大，父母都会一直为儿女操心。100 岁的母亲还在担忧她 80 岁的儿子，所以我们一定要明白父母教育我们的辛苦。可是我们现在还能不能看到"父母教，须敬听"的儿女呢？太少了。因为父母人老了，没权了，没钱了，就被自己的儿女不当人看了。父母唠叨多了就被认为是有病了，甚至你会跟别人说，你看我母亲是不是神经不正常啊？她是不是神经衰弱？这都是为人子女讲的话。

"父母教，须敬听"。父母教导我们做人处世的道理是为了我们好，所以应该恭敬地聆听。可是我们现在都嫌父母啰唆，嫌父母烦。现在很多孩子一上大学就都不愿意回家，连电话都不给父母打；父母想给他打电话吧，又怕耽误了学习时间，所以只能自己忍着不打。可子女什么时候能想起主动给父母打电话呢？没钱的时候，打个电话说："妈，我没钱了。"这些孩子想不想父母？不想。他想什么？想钱。所以我们很多人活了一辈子，没有学《弟子规》，不会做人，不懂孝顺父母。

"父母责，须顺承"。意思就是父母在责备我们的时候，我们要非常恭顺地、虚心地去接受，不可强词夺理，使父母生气、伤心。可是我们现在的父母敢责备孩子吗？不敢，因为孩子会要挟父母。

我就遇到过这样的情况，母亲说他两句，他就说："你再说我，我就离家出走！"或者"你再说我，我明天就不上学了。"以此来要挟父母，跟父母讨价还价。

我们也知道现在离家出走的孩子越来越多，有很多都是父母一责备，自己就赌气离家出走了。这是什么原因？父母没学《弟子规》，所以不会教育；孩子没学《弟子规》，不明白该怎样做儿女。

我们接着往下看，"冬则温，夏则清，晨则省，昏则定"。

"冬则温，夏则清"，是指冬天要提醒父母多穿衣服；夏天要给父母纳凉。我曾经遇到过司法部一个老部长，70多岁了，50几岁才结婚，娶了人家的小女儿，所以他岳母只比他大10多岁。我亲眼见到他岳母过生日的时候，他给岳母磕头，他岳母非常感动。他就跟岳母说："我自己的父母去世很早，所以我一直没有孝敬老人的机会，在您面前我才真正尽到了一份孝心。"

夏天热了，他就给岳母装个空调；冬天担心暖气不够热，又给岳母买个电暖器。每年入冬之前，他都会把岳母接去医院，给老人家做体检，顺便给老人输点儿疏通脑血管的药物，提前做个保健。老岳母住在6楼，但是每次买到老人喜欢吃的东西，70多岁的老部长都亲自送上楼去。虽然他有腰椎间盘突出，但也决不让别人去送，送上楼去还告诉保姆怎样做才更营养。这个老人家真的是做到了孝顺，真的做到了"冬则温，夏则清"，很让我感动。

还有个故事，讲的是"二十四孝"里头的黄香温席。

相传东汉时期有一个叫黄香的孩子，夏天天气热，每天晚上他都先给父亲扇枕席，以便父亲安歇；冬天天气寒冷，他每天晚上都要先上床，用自己的体温把被褥焐热。现今科技发达，物质生活富裕了，我们不需要再像黄香那样扇席暖床了，但他孝敬父母的品德是永远值得我们学习的。

说起暖被褥，我就想起我爱人经常会给我儿子暖被褥。因为孩子单独睡一个小床，床上没有电褥子，所以她就会给孩子暖被褥。我就想，其实小时候父母都给我们暖过被子，只是我们长大了，不记得了。我们家儿子如果把他睡的地方尿湿了，我爱人就会把儿子抱到我们中间来，她睡到湿的地方去，这也让我觉得很感动。

父母对子女的付出永远都是全心全意，不求回报的。我跟我爱人说，你为我、为我们秦家、为儿子付出了这么多，你这一生都不用上班，不用去挣钱，我养你就行。因为你对我们家的这种付出，使我感恩戴德。而现代人为什么离婚率这么高？就是因为不念妻子生养子女之恩，夫妻只讲钱，不讲恩德，不讲情义了。

话说回来，行孝不只是像黄香这样的小孩儿的责任，而是天下所有做子女的都应该做的。尤其是当父母上年纪后，更应该经常和父母在一起，让父母感到亲情的温暖，从精神上对父母给予关爱。

尽孝就是不让父母担心

"晨则省，昏则定"，指的是早晨起床之后，应该先探望父母，并向父母请安问好。傍晚回家之后，要将今天在外的情形告诉父母，向父母报平安，使老人家放心。

现代人大都离家在外，我们做不到这一点怎么办？可以打电话报平安啊。我有一个学生，他原来老怕他爱人给岳父岳母家里打电话，因为长途电话费太贵，一个月就要花好几百块钱。但跟我学了《弟子规》以后，他不这么想了，不觉得是浪费电话费了，而且还认为应该多给老人打电话。

我们在外面时，父母天天在为我们操心，正所谓"慈母手中线，游子身上衣"，父母会随时随地把心放到我们身上。因此，我们应该经常给父母打打电话，跟父母讲工作很顺利、老板很照顾，这样就能让父母心安，他们睡得也香。

我们现在的人，母亲多念叨一句话，就认为母亲更年期、神经衰弱，嫌母亲啰唆。我们天天怕父母生病拖累我们，怕父母花我们的钱，兄弟姐妹之间也总会因为谁为父母花钱多，谁为父母花钱少而争吵。可我们想没想过？我们的父母何时会因为你多花钱而不养你，不照顾你？

那些不恰当的行为、言辞都是我们作为子女不该有的。所以说《弟子规》是我们所有人都该学的。落实我们的孝道，这是我们每一个人都该做的事情。

有人觉得一天要问候父母两次，太麻烦了。其实，父母对孩子的关怀思念是时时刻刻的。母活百岁，常忧八十儿。有的母亲，在冬天只盖很薄的被子，因为她怕自己盖得暖和，睡得太死。孩子爱蹬被子，她怕孩子感冒，必须时不时醒来看看孩子的被子有没有盖好。

我们家有孩子以后，我晚上很容易醒来，就是为了看看孩子有没有把被子蹬开，怕他冻感冒了，我爱人也是如此。有了孩子以后才能亲身体验到父母对孩子的这种关心照顾，真的是发自内心的、不可思议的。

我们家孩子上学要坐一个小时公交车，为什么选这么远的学校？就是因为当时听到别人讲这家学校的伙食特别好，对孩子的健康有帮助。所以我们觉得大人累一点儿、远一点儿都可以，让孩子身体好最重要，可见我们处处都会想到孩子的感受。

从这上面，我就理解到，在我小的时候，父母一定也是用这种关爱的心来对我的，所以每次体会到我对儿子的那种心情时，我就会想到我的父母。

要知道父母连睡觉都在挂念孩子，更何况在白天的时候。当孩子早晨起来鞠一个躬说："妈妈爸爸早上好，昨晚睡得好吗？"这时父母看到你的额头发亮，知道你昨天晚上觉睡得很好，就会很高兴。父母总是会为孩子的进步和对自己的一点儿关心而感到高兴。

做子女的晚上放学回来要主动问候父母。父母一看孩子气色不错，在学校应该没有打架，没有跟同学、老师起冲突，在学校很愉快地度过了一天，父母也就会很放心。所以一天两次问候，能减少父母很多的担心。你想想，"晨则省，昏则定"是不是多余的？不是。

从小懂得早晚问安，是一个非常好的习惯。这是对父母的关怀，是让父母不担心，但是在具体做法上可以因人而异。如果父母觉得我们打电话花费太多，心疼钱，那我们也要讲究圆融。孝顺父母，一定要顺乎亲意，要理解父母的心意，早晚问候这个形式背后，最重要的是让父母心安。如果早晚问候让父母反而担心你花那么多的钱，那就跟孝的本质背道而驰了。况且真正能让父母安心的绝对不是一天打三五次电话就可以的，而是你的道德学问、为人处世是否能真正让他们信得过，能让他们不操心。所以尽孝要重本质，不能在形式上过于刻板，应该通权达变。

当你的父母了解自己的孩子脾气很好、很有德行时，就绝对不害怕、不担心你在外面打架斗殴、惹是生非了。当你的父母知道你不喝酒，就绝对不害怕你酒后驾驶了。所以说孝顺就要求我们从本质上去落实。

我们只有抓住本质，活用圣贤教诲，才能够在每一个时代、每一个生活状态当中，把它灵活运用，把它发挥得让父母欢喜，让所有接触我们的亲友都能感受到中国传统文化的魅力。

"出必告"，是说我们作为子女，在出行的时候一定要跟父母打招呼，因为如果不打招呼，父母不知道子女去什么地方了，会很担心。

但是现在好多人却做不到这一点。子女离开家以后都不跟父母打招呼，甚至在外地换手机号、换住的地方都不跟父母说，这是很可怕的事情。

为人父母的应该有这个感受，当你的孩子放学后晚回来一个小时，你在家里会很焦虑。我们对孩子尚有如此焦虑的情绪，可我们想没想过，我们的父母对我们也是如此操心和焦虑的啊。很多人误认为我都成人了、长大了，不用父母操心了，所以就轻视了父母的存在，乃至忽视父母对我们的关心。这是不对的。

不过，我们一定要明白"出必告"的这个"出"是"出差"的"出"。意思是让你出远门的时候给父母禀告，不是让你每天上班出门，早上一报告、晚上一报告，这样老人就烦了。他会觉得是不是孩子一天到晚闲着没事儿干、没工作了，为什么天天这样做？所以我们要理解"出必告"的真正含义。

我们接着看"反必面"。有个孩子放学后回到家里，没有跟家长打招呼，就偷偷地一头扎在自己屋内玩电脑。

晚上父母以为他在学校没回来，就给老师打电话询问情况。老师说很早就已经放学，孩子应该早到家里了。母亲听后更是非常着急地到处打电话找他，还惊动了很多亲戚，最后在老师的提醒下才在房间里找到了孩子。

有的成年人也做过这类事情，父母等他吃饭等了半天，以为他还没回来呢，谁知道他居然一个人躲在自己房间上网。

父母可以原谅我们子女所做的任何错事、所犯的任何过失。可是请问各位朋友，你们能原谅自己的过失吗？你的老板能原谅你的过失吗？我们在社会上会和不同的人交往，如果在礼节上做不完善，就会让我们在社会交往上面出现很大的问题，导致很多人不愿意和我们相处。

对于孩子，我们从小就要培养他的时间观念，还要教育他做到"反必面"。比如前面讲到孩子躲在房间里打游戏的情况，有很多家长会在找到孩子以后狠狠教训他一顿，但这不是最好的办法。一定要引导孩子，让他知道他这种行为的危害性在哪里，给他讲可能发生的后果。比如父母急急忙忙跑出去，在路上很可能因为慌不择路，被车撞了，也许还会把家里的老人急出心脏病来，等等。

我们要教育孩子：不要因为自己一个小小的过失，而对家庭、对亲人造成伤害。只要我们给孩子讲清楚，孩子还是会很听话的。另外，我们做父母的也要以身作则，这样孩子一定会养成好习惯。

"居有常，业无变"是指平时起居作息、生活习惯，要保持正常、有规律，做事有常规，不要任意改变，以免父母忧虑。我们现在不少成年人迷恋网络，熬到夜里一两点都不睡觉，这个就叫"业有变"。不务正业，父母看到你很疲乏，不停打哈欠，父母就会担心，孩子最近是不是工作很累？——实际是干什么呢？玩游戏、上网呢。

我们生活中有好的习惯，父母就会省心很多。而酗酒、抽烟、赌博，都是一些不好的习惯，会影响我们的生活。

我亲眼见过一件事，父子两个人和两个亲戚同桌打麻将，父亲欠了儿子一块钱，结果被儿子抽了一个耳光。赌场无父子，好朋友甚至为了一两块钱反目成仇。我经常跟朋友聊天说，赌桌上的人就想把其他人的钱全赢光。赢了钱很高兴，输了钱就很憎恨，所以赌博的习惯也使我们"业有变"。

一个恶习，给自身带来了多大的恶果？很多人认为，秦老师，你是不是危言耸听？各位朋友，这种事情很有可能发生在我们每个人的身上。我经常会遇到很多遭受了很大痛苦的人，起因都是一个不好的生活习惯，比如酗酒、赌博等，结果造成了很多惨痛的后果。

现代人有一个共性：自私自利，不顾家人的感受，更不顾自己的身体。有的人今朝有酒今朝醉，明天死了也行。他就不想想，上有老、下有小，自己身体不好或者是死了要让多少亲人伤心。

自私导致很多人放弃了高尚的人格、博爱的胸怀。希望我们大家在生活中，一定不要染上酗酒、赌博的恶习。

不能把小事"看小"

我们接着看"事虽小，勿擅为，苟擅为，子道亏"。

"事虽小，勿擅为"，是指纵然是小事也不要任性，擅自做主而不向父母禀告。如果任性而为，很容易出错，也会有损为人子女的本分，因为让父母担心，是不孝的行为。

我们现代人别说"事虽小"了，事虽大都可能要"擅为"。我遇到很多夫妻离婚了，父母都还不知道。很多人做事都背着父母，比如去旅游就领着自己儿子，却不跟父母说，因为怕父母知道了也要去，会多花钱。有很多人都需要父母来给自己帮忙，但是又嫌老人啰唆，嫌老人不太干净，这都不是好现象。

很多人家吃饭的时候，会和父母分开吃。虽说吃饭是个小事情，但"事虽小，勿擅为"。你擅自做主，让爸妈坐一边儿去，就因为父母老了，不当家了嘛。有的儿女表面对父母很客气，其实却是阳奉阴违。因为他看到父母有钱，所以先把老头子、老太婆哄开心了，这样才能把钱骗到手。女儿回娘家时，给母亲带一样东西去，却能从娘家拿走十样。

我们一定要明白"事虽小，勿擅为，苟擅为，子道亏"的道理。我们对父母的一个态度就会影响你在外面的一个行为，对父母的一个行为就会决定你在外面的生活、工作环境。因为如果你怕父母难过、怕父母操心，就会在工作中努力做一个德才兼备的人，就会很听老板的话，老板碰到你这种员工也高兴，你也会受到老板的重用，工作也会越来越开心。

我们一定要明白，忠臣来自贤孝家。过去君王在选择臣子的时候，都是在忠孝家里选，所以希望我们各位朋友一定要把《弟子规》落实下去。

我对我岳父岳母都是毕恭毕敬的。我们给老人家过生日或过年时都会行礼磕头。我很感恩老人家，因为他们养育女儿几十年，自己什么都没得到，这个女儿就要离开父母陪我一辈子，所以我感恩戴德。

我经常对岳父岳母说，因为你们养了这么孝顺、这么乖巧的女儿，所以我才能娶到这么贤惠的爱人。我们家买任何东西，有我父母的就一定有岳父岳母的。

我们看下面一节，是"物虽小，勿私藏，苟私藏，亲心伤"。是说东西虽然小，也不可以私自收藏占为己有，特别是公物；如果私藏，品德就有缺失，父母知道了一定会伤心。

现代人私藏物品的情况很多，就连夫妻之间经济都不是透明的，妻子、丈夫各管各的钱。我就碰到过一个16岁的孩子，他跟我说："秦老师你不知道吧，我爸不知道我妈有多少钱，我妈也不知道我爸有多少钱，不过他们也不知道我有多少钱。"你看，别说夫妻之间了，就连16岁的孩子都开始琢磨这些事情了。这是谁教的？父母教的。

现在很多人都是假公济私。有一次我跟一个企业家聊天的时候，他公司的中层领导们就在面前，我就跟他们说，你们所有的中层领导一定要爱厂如爱家，是真正要勤勤恳恳工作的爱厂如爱家，而不是爱成公司有的家里都有，这就麻烦了。我们一定要明白，所有公家，包括单位的东西都不能私藏。

私藏、私占还有很多种，比如我们现在的楼道也是公共的，可是很多人偏偏要把很多自己的东西堆放在楼道里。还有很多人停车不注意，占路面上的主车道。我还有很多朋友把公司用的纸、笔有意无意地装回家，这都是不对的。

我们学《弟子规》的人一定不要去做这些损害公众和社会团体利益的事情。我们自己以及子女以后去任何单位工作都不能私拿东西。如果孩子拿回来东西你千万不要高兴："哎哟，我儿子真孝顺，明天再拿点儿。"这个问题很严重，我们一定要小心。

作为父母，我们一定要细心观察孩子的一举一动，发现孩子有不良行为时，一定要及时制止，还要告诫孩子勿以恶小而为之，使孩子能够健康成长。"物虽小，勿私藏"，除了不可以偷、不可以藏，还要教导孩子不要吝啬，不要什么东西都想到先留给自己，要培养其乐于助人的行为，因为施予比接受更有意义。

为人子女要体谅父母的苦

"亲所好，力为具，亲所恶，谨为去"。这句话的意思是，父母所喜好的东西，应该尽力去准备；父母所厌恶的事物，要小心谨慎地去除掉，去改正，包括自己的坏习惯。

"亲所好，力为具"，其实就是讲要养父母之心。养父母之心很重要，要让父母不为我们操心，并且尽力去满足父母的需求，让父母高兴、满意。

现在的父母大多很可怜，到周末想见一下自己的子女都见不到。做子女的忙起来，就很容易忽略父母的感受。父母对子女有没有很高的要求？说心里话没有，他们并没有想让子女给多少钱，只是希望星期六、星期天能坐在一块儿吃顿团圆饭，聊聊天而已。可是就连这么基本的要求我们都不能做到，还会给自己找很多借口，认为自己很忙，工作忙、家庭忙，甚至在家还会对父母大吼大叫，十分不尊重，这是不对的。

我常说，为人父母现在要受三层苦。第一层是保姆苦。父母不仅要养孩子，还要负担家里的经济开销，大事小事都得操心。

第二个是看脸色苦。孩子小的时候父母为了子女上学去求教委、求老师。孩子长大了还要为了给他们找一个好工作而去托关系、找朋友。父母会低三下四地去求人，就是为了让子女少吃些苦。

第三是佣人苦。父母好不容易把子女养大了还要再养孙子，哄不好孙子还会挨骂。孙子不听话，都会被怨成是爷爷奶奶惯的，是爷爷奶奶教育得不好。老人不仅要被自己子女埋怨，还可能被孙子骂，连佣人还不如。

我们每一个人如果能真正体谅父母为我们所付出的一切，又怎么会不去满足父母的要求呢？每当孩子想吃什么的时候，父母恨不得坐飞机也要给孩子买回来。可当父母老了，牙口不好了，想吃点儿软的蛋糕，做子女的却觉得是老人嘴馋，都不乐意给老人买。我们就没想过，父母以前是怎么对自己的？

孝顺老人不能等，父母在世一天，我们就要尽一天为人子女的孝道。因为父母是唯一的，一旦过世就再没有了。

我妈妈50多岁了，一辈子很辛苦，都没坐过飞机，我最近就在想要让她坐飞机旅游。我妈听到以后说你别让我坐飞机了，你外公外婆年龄大了，你每年让我回一次娘家看看他们就行。我一听心里很酸，母亲50多岁了，还在惦记她70多岁的父母。我觉得这是母亲在用巧妙的方法来引导我，教育我们做子女的要从心底里真正去爱父母。知道了母亲的心愿以后，我对母亲说，您该坐飞机去旅游还去旅游，老家您也可以回，都没问题的。

母亲生我养我，她为我付出了很多，受了大半辈子苦了，现在老了，行动也不便了，我有这个能力就要多孝顺她，孝顺老人是不能等到老人去世以后再去做的。

我发现，一旦孩子想要个什么东西，当父母的都会尽力满足他的要求。可是我们想没想过，我们在给父母钱、在给父母买东西的时候是不是在犹豫？是不是会吝啬？或者会想父母有钱，不需要我给；或者觉得有大姐给，我不用给了，等等。

其实我们不明白，父母自己有的和你给父母的是两个概念，我们一定要行自己该行的孝道。像父母的生日、母亲节这类重要的节日，我们一定不能因为自己的疏忽而忘记给父母送去祝福。

你想想，就算活100岁，每年过一次生日，最多也才 100 次，没有多少啊。你把这个日子忘记，就是对父母的轻视，说明你心里没他们。

我记得小时候每年过生日母亲都会煮两个鸡蛋给我，要是哪天吃两个鸡蛋，那一定是我过生日，母亲从来没忘记过。可是我到 19 岁以后才记起父母的生日。不过我最大的优点就是，父母过生日那一天，不论我在什么地方，我都会回老家看父母，给他们过生日。因此我妈经常很自豪地跟别人讲：我过生日我儿子保证会回来。

其实父母过生日并不要求儿女送多贵重的礼物，儿女回到他们身边其实就是最好的礼物。所以"亲所好，力为具"，我们每一个人都不应该忽视老人的心情、老人的感受，不要认为他们老了，没用了，就不重视、不搭理他们了。我们一定要明白，父母生我们，把我们养大成人，可自己却长满了皱纹，白发苍苍，全身都是疾病。难道我们要满足父母的一个要求，一个爱好就这么困难吗？

"亲所恶，谨为去"，我们现在能不能做到？说心里话，太难做到了。我们会找各种各样的借口来搪塞父母或者为自己辩解。父母不让我们喝酒，我们会说："这是应酬，你老了不懂，就别啰唆了。"老人啰唆吗？不啰唆，他知道这个酒一下肚，蒙蔽智慧，要是开车的话会出车祸。

当然，还有些事情父母自己也没做对，结果影响了孩子，该怎么办？

有朋友问我说："你父母抽烟，可你为什么不抽烟？"我就对他们说："真正的孝顺就是不要把父母的缺点在我们自己的身上呈现出来。"

我碰到一个孩子脾气很大，总顶撞父母，他还说脾气大是他妈妈遗传的，改不了。照这个逻辑，等他有儿子以后，他儿子也会说我冲撞你，是遗传你的，你活该。所以真正的孝顺就是不要让父母的过失在自己身上再呈现出来。我们要用自己的行为、用孝亲的心去感化父母。

我经常说"言父母过，孝心已失"，就是说你在说父母的过失的时候，你的孝心就没了。当我们看见父母有过失的时候，我们要去改变，让我们自己不要重复同样的过失，这才是孝心；而不是拿着这个过失当挡箭牌，说你就是这样做的，所以我才这样，这就错了。因为这个挡箭牌以后会传到你的子子孙孙手里。我就经常跟我爱人说，我们两个该做的事情，是在所有的堂表亲面前当模范，要用行为去感动他们，让他们都去孝顺自己的父母，这才是我们该做的事情。希望我们大家一定要明白"亲所好，力为具，亲所恶，谨为去"这句话。

做父母的都希望子女优秀，这样一说到子女的时候父母就会觉得特别自豪，都会挺胸抬头。我爱人也总说，因为有你，我觉得咱妈好像很傲，总是抬头挺胸的。我说那不是傲，那是因为老人很自豪。别人一提到我，都会说这儿子是怎么教育的啊，才 20 多岁，天天都在做公益，感动了一帮比他年龄大的人；她就会觉得很有面子，很自豪。

你看，现在人们见面，相互之间总爱问您的孩子在做什么，从来没有听人见面就问，请问您存了多少钱。常言道前 30 年看父敬子。认为如果父母很有德行，别人就会尊敬他的孩子，因为这样有德行的父母教育出来的孩子也一定不差。后 30 年就是看子敬父了。如果你在单位、在社会上的一言一行得到了大家的认可，获得别人很高的评价，别人就会说一定是家教好，才能培养出如此有德行、有修养的人才。所以我们要明白，我们的一言一行都不只是代表自己。

孝顺父母，从这四条着手

为人子女在孝顺父母的时候，一定要从养父母之身、养父母之心、养父母之志、养父母之精神这四个角度来尽心尽力。

第一条，养父母之身。要让父母老有所依、身有所住，这是第一个孝顺。养父母的身，让父母老了生活无忧，天暖了有空调，天冷了有暖气，这才是我们该做的。

第二条，养父母之心。我们出门在外工作，不要打架斗殴、争强好胜，不要饮酒赌博，让父母天天在家里为我们操心。

第三条，养父母之志。每一个父母都希望自己的子女成龙成凤，能为国家做大贡献。所以父母一直有这个心愿，我们要能真正去落实。

第四条，养父母之精神，要让父母很有智慧地去过完他们后半生的生活。

我们要孝敬父母，首先就是要养父母之身，要让父母身体健康，我们要时时刻刻关心他们。我跟我爱人商量过，我们在北京最多待 20 年。20 年以后我 48 岁，双方父母都 60 多岁，将近 70 岁了，我们就全部辞职回家，离父母近一些，将四位老人都照顾好。

那个时候，有碗粥喝、有个馒头吃就够了，老人有子女陪在身边也会很开心。我们一定不能让自己留有遗憾，要在老人活着的时候多尽孝。我爱人一听，也觉得有道理，说咱们一个月也花不了多少钱，孩子到时候也长大了，他愿意上哪儿就上哪儿吧。

我们夫妻两个经常讨论这个事情。很多人就认为，你们这么年轻，想那么久以后的事情干什么？这是因为我们不仅把孝心储存在我们的内心世界，而且我们还让它日久生根，成为我们长期的一个念头，这样，我们孝顺父母的心才不会随着时间而消失。

我爱人很善良，很孝顺。她到北京后，第一个月的工资就拿去给婆婆买了一个空调，这让我很感动。使我觉得我也要为岳父家做点儿事情，想到农村洗澡不方便，我就给岳父家买了一个太阳能热水器。这个热水器安装完以后，他们全村人都说他家的女婿怎么这么好。买太阳能热水器，在我们整个县城我是第一例。其实我们的一言一行都会有人在意，所以孝顺父母第一养父母之身，第二养父母之心，第三养父母之志，第四养父母之精神，才能真正落实一个孝的圆满。

　　不是我们花钱雇保姆就是孝顺了，不能把老人当宠物养啊，我们必须多去关心老人，用我们的孝心去温暖老人。

　　比如在季节更替之际，温度变化特别大，这个时候假如我们没有办法回到家里，就应该打电话问问父母有没有御寒的衣服，棉被够不够用。这个电话一打，你的孩子在身旁，他能感觉到你时时关心老人的身体，能感受到你的孝心，也从小就懂得要孝敬父母了。

　　可现在很多人嫌父母啰唆，嫌父母老了跟不上时代了，甚至嫌父母很邋遢。什么叫因果循环啊？我对一个朋友就讲了："你知道你们家孩子为什么不听话，为什么自私，为什么没有爱心吗？告诉你，因为你对父母吝啬，存很多钱却对父母说你没钱，天天搜刮父母那点儿工资，买菜不给父母钱，让父母自己掏钱。还说'你老了嘛，要那么多钱干什么呀'。对父母没爱心。跑腿的事情你不去跑，非要让老人家去。而且，父母稍微说你几句，你就说'你老了不懂，时代不同了，都落伍了'。你看，你自己也不听话，孩子跟你学，这就是因果。"

还有的人，当有朋友来家做客时，甚至都把父母藏进屋子，不让父母出来，怕在朋友面前丢人。

我说："你们这种个性习气，让谁来收拾你们？就让你们家孩子来收拾，看你们还不知道警觉，对父母的态度还不改。如果你孩子跟你一样，早晚把你撺到养老院。就让你天天在里头坐吃等死，人家连你的名字都不知道，一说就是35号床吃饭了，68号床生病住医院了，要不就是79号床要去火葬场火化了，你美什么呀？"

所以子女对我们的态度取决于我们对父母的态度，这就叫因果。越是有朋友来了，你越是要对父母孝顺、恭敬，这样你才能影响你的朋友，让他们回家也孝顺自己的父母。一定要亲力亲为，我们要自己去落实，这样才活得像人。

养父母之心，就是能够时时关注到父母的心情。我们出门在外要尽量稳定，不要天天跳槽不止地换工作，让父母操心；要让父母在家里知道他的子女开车不急，不会出车祸；不酗酒，不会打架斗殴，不会夜不归宿，不会去声色场所。这些都是作为一个子女要养父母之心该做的。要常给家里打打电话，主动回家去看看父母。其实老人对我们要求不高，尤其城里的老人都有退休工资，不需要你赡养，你就回家看看老人都不行吗？

可是我们好多人却没有做到。天天去酒吧、歌厅，却没有时间来陪父母。就算回到家里面对父母也是愁眉苦脸，一到出门时又打扮得很精神。所以我们天天都在伤害父母的心，让父母为我们操心。我们孝顺没孝顺？没孝顺，伤父母的心乃是大不孝之行。

养父母之志，《孝经》云："立身行道，扬名于后世，以显父母。"你看孔老夫子成名了，他的父母也被建庙给供起来了，他的子孙都是以他为荣。所以，立身行道，首先就是立我们的身。什么叫"修行"？修行就是修正我们错的思想、错的观念、错的行为。儒家讲立身行道，什么"道"？仁德之道、慈悲之道、博爱之道。

所以我经常说，看子敬父，用自己的德行去奉献社会，才能扬名于后世，让所有社会人士感受到，某人有这样的成就，能为社会做出如此的贡献，也是他父母教育的成果。这就是养父母之心、养父母之志，是一种大孝显亲的表现。

我们立身行道，扬名于后世，不仅能显父母之恩德，还能显示老师教育有方。像我碰到一个老师，他说："哎哟，秦老师，我教了几个学生都当厅长、当局长了。"你听听，老师培养出来几个学生都觉得很有成就。尤其是奥运会，那么多奥运冠军，他们成名了，不光使父母上电视了，连他们的老师也沾光，当地教育局也给予了他们各种奖励。

最后要养父母之精神，现在很多老人也染上了很多不好的习惯，爱抽烟，酗酒，一天到晚坐在棋牌室里不出来，对自己身心有损害不说，让子女也很操心。我们应该多劝老人懂得知足常乐，多让老人宽心，不然坏习惯多了身体不好，生活也没智慧。而且，我们还要有耐心，不能动不动就对父母说："你再这样，我就不管你了。"

我爷爷很有智慧，他跟我说："爷爷以后要去世了，一分钱都不给你。爷爷这屋里所有的书都给你，书里的知识是拿钱买不到的。"

受我爷爷这个启发以后，我就跟我父亲说："以后我爷爷的财产你不要去争夺，我好好孝顺你，你要多少钱我给你，你千万不要和你的兄弟姐妹争财产，他们争由他们去，你好好孝顺老人家就行了。"我父亲说："你爷爷还有几间门脸儿房呢，咱们家该要一间。"我说："不要不要，那个东西不是个好东西，看你们兄弟姐妹谁最可怜给谁就行了。"我爸爸说："你讲得有道理。"

所以我父亲经常说我年龄虽小，可是很老气。他有时候跟我聊天也会说："你知道不，我找到一个算卦大师给你算了算，人家说'你这个儿子很傻，傻的程度到了极点，但是福气大的程度也到了极点。'"

我也很认同自己傻，但是福气大。我没钱，但是德行好，朋友多。钱是个死的数字，还容易被一把火烧掉，可那些你看不到的人脉是火烧不掉的，是任何人都夺不走的。我们不要天天计较金钱利益的得失，要在人生道路上学会做人，学会孝敬父母，学会与人相处，这才是最重要的。

养父母之精神很重要，是因为一个人到晚年的时候，纵使有钱也不见得快乐。我常常看到很多老人家里很有钱，但是每天还想要更多。有了1000万，看看别人有1200万，他自己又很不舒服，天天守着钱，常常活在患得患失的烦恼当中，很痛苦。

孔子曾经提到人生有三戒。"少者戒之在色"。就是少年的时候不要去贪色，贪色多了损害身体，很多人未老先衰就在于这一条。"壮者戒之在斗"。现在很多中年人好胜，因为一句话大打出手，记恨人一生，并想方设法去害别人。不光是打架，包括斗嘴斗气、争强好胜，都要戒。"老者戒之在得"。很多老人打牌，一赢钱就高兴，一输钱就难过，对身体不好。人老了最忌讳的就是常常患得患失。这个"得"直说就是贪。贪这个、贪那个，别人怎么怎么样，自己没有，常常就在这种情绪当中，很难知足很难快乐。我们可以趁父母心情比较好的时候，用智慧去引导他们放下贪念，告诉父母钱够花就好，家财万贯，还不就是一日三餐；广厦千间，每天夜眠只需床六尺。

我经常说，现在人占大楼、占高厦，死后占地一尺宽，你看那骨灰盒还不到一尺，就这么大一点儿。我们还美滋滋地觉得自己有房有车，但哪个真的是你的呀？地震来了，房不是你的，车不是你的，爱人、子女都不是你的。为什么？死了以后有什么是你的？

别说外物，我们的头发是不是自己的？不是。我们经常看到有人秃顶，没秃顶之前满头的头发，到最后没了。所以头发不是你的，你只有使用权，没有所有权。你要说这个身体是你的，那你能保证你年年 18 岁吗？保证不了。可想而知，这个身体你只有使用权，没有所有权。

人生要知足常乐，我们要引导父母把一些贪念慢慢放下来。更重要的是要引导父母接受圣贤教育，让他们的心能够安住在圣人的智慧中，这样晚年就会越来越清净，越来越自在，那我们的孝道就做得圆满了，孝的真谛也就找到了。

所以我们一定要明白，让父母精神愉悦，不是领父母去唱歌、跳舞，不是让父母天天看电视，而是让他们看一些对心灵有帮助的书籍，慢慢帮助父母戒除不好的习惯。

"我爱你但不爱你妈"，是真爱吗？

当然，不仅要对我们的父母有这样的孝心和恭敬之心，对我们的公公、婆婆、岳父、岳母以及其他长辈们都应该如此。很多人孝顺自己的父母，不孝顺岳父岳母；很多人孝顺自己的父母，不孝顺公公婆婆，这都是不对的。

有夫妻俩跟我说："秦老师，我们夫妻很恩爱。"我就会问男的："你爱你的岳父岳母吗？"他说："爱。"我又会问女的："你爱你的公公婆婆吗？"她说："爱。"我说："那这就是真的了。"

你要说爱他，却又说："哎哟，老公，我很爱你，可是我就讨厌你妈。"这个爱就是假的。你爱他就要爱他妈，没他妈就没他啊。不明白根基的道理，这个爱就是假的，是哄人骗人的，不是真爱。

现在有的女人没有善心，总要丈夫选择，说我和你妈同时掉水里，你先救哪一个？这都是没智慧的人提的问题。也有人问我会怎么选择，我说选择母亲，因为我们的生命是母亲给的，如果母亲被淹死了，世上就再没有母亲了，而妻子死了还能娶一个。我说这个话过不过分？一点儿都不过分。因为你的命本身就是由母亲而来的，报恩之心是应该有的。就比如这边你马上能挣上亿资产，那边你的母亲马上就要去世，你该选择哪边？很多人都认为，有钱才能孝顺，所以都跑去挣钱了。但我说，你的母亲去世以后，世上就再也没有了，可是你挣钱机会还会有，所以我们一定要明白孰轻孰重。

你要真爱你的老婆，那你就会爱你的岳父岳母，不然这个爱也是假的，不是真爱。所以我们一定要学会真正地爱对方。当你在悄悄地为岳父岳母或者公公婆婆做事的时候，感动的是你爱的人。

我爱人在这方面做得很到位，比我做得还圆满。她平时都会想着给我妈买很多东西。我有一个老家的邻居问我妹妹说："你已经上班了、挣钱了，你给你妈没买东西吗？"我妹妹说："哎哟，不用我买，我嫂子都给买完了，什么都买好了，我买没用。"这个邻居听完以后很羡慕，说儿媳妇比女儿都周到。

有一次一个朋友在我们家说："哎哟，秦老师爱人真贤惠。"我母亲赶快说："那不是你们家老师选的，是我给他选的。"你看，碰到贤惠媳妇，我妈心里高兴啊，都要争功。

当然，一个儿媳妇孝不孝顺公婆，儿子的作用也很重要，不全是儿媳妇自己的事。

我记得过去和朋友聊天说："当婆婆要明白一个道理，女儿、儿媳妇要同眼看，一碗水要端平。儿媳妇也不容易，上有老、下有小，久而久之，会心烦。你不能怪儿媳妇不孝顺，只能怪儿子没能力。儿媳妇一吼，立刻就不行了。这个儿子为啥没能力啊？还是慈母多败儿，教育不得当。所以我们看任何事情要看本质，不要看显现出来的结果，对儿子的教育很重要。"

我真的就看到过这样一个家庭。我们农村有炕，婆婆就会坐在炕上，3个儿媳妇回家看婆婆的时候，争着去厨房做饭。这种场景是我一生难忘的，3个儿媳妇争着做饭，3个儿媳妇争着给钱。为什么？这3个儿子对自己的老婆说了同一句话："你要对我父母不孝顺，我一定跟你离婚。"这3个儿子确实很有本事，所以媳妇对婆婆都是恭恭敬敬的。

我们的大家族就是一棵大树，父母、公公婆婆、岳父岳母和其他长辈是家族的根。夫妻是树干，孩子、财富、健康和一切美好的事物，是树的枝叶花果。只有孝顺老人，这棵大树才能根深蒂固，同时也就能枝繁叶茂。到了这个时候，我们得到的一定是累累硕果。因此，你只要去耕耘，孩子、财富、健康和一切美好的果实都能够收获。

让孩子多做家务，学会感恩

让孩子做家务的好处很多：第一，他会懂得感恩，因为他从小知道劳动成果得来不易，就会更知道感恩父母、感恩他人。大人挣钱辛苦，孩子往往不知道，但有时家务锻炼会让孩子无形中增长很多知识，所谓习劳知感恩。第二，孩子长大结婚后家庭会和睦，会做一个好妻子、好丈夫。因为从小受教育，长大后他知道该怎么去做。在学校里、集体里，他也会是个很勤劳的人，人际关系肯定好。

现在的学生很可怕，高中生、大学生回家给父母的见面礼，大家知道是什么吗？在学校待了一周了，就把脏衣服、脏裤子全部背回家，给父母的见面礼就是一堆脏衣服，一点儿动手能力都没有，全被宠坏了。

我碰到过一个可怕的实例，是一个女博士结了3次婚，离了3次婚。这位女士在学习上可以说是很有成就的，她从小学、中学、大学每次考试都名列前茅，被许多人羡慕。但是人生绝对不是单一方面的努力而已，人生应该是全面学习。她学会了很多知识和技能，但她对婚后家庭生活方面的事却一无所知。她不知道女性应该具备"四德"，不知道"兄友弟恭"，在家中不会干家务，不会与家人相处，等等。

她的第一任丈夫和她是大学同学，在婚后一段相当长的时间内，非常苦恼和无奈，最后终于走上了法庭。离婚的原因是什么呢？她不会生活。

这位女士的父母对我说："女儿从小上学时，都是父亲中午带饭给她吃，晚上父亲再开车把她接回来。从小到大都没有让她拖过一次地。"

你说很有意思吧？那个女士都那么大了，还不会生活，不可思议。更可怜的是，到了这种地步父母还不知道自己错在哪里。

这个女儿被父母惯坏了，父母本想让女儿将来幸福快乐并且出人头地，然而却适得其反。女儿根本不懂得对父母应该尽孝道，更不懂得父母对她的挂念和担心，这就是一个爱之不以道，适足以害之的事例。做父母的，剥夺了孩子生活的能力、实践人生的能力，让她以为生命只有学习和考试这两个主题，其他的都没有，这种爱孩子的方法就是在害人。

现在有的孩子自私，没有爱心，不知道报恩，不知道珍惜。我经常和家长聊天的时候说："你所看到的自私是结果，请问原因在哪里？孩子的自私来自哪里？父母啊。"父母先给子女端饭，这孩子就高高在上了，爷爷奶奶夹菜先给孙子夹，孩子也高高在上啊，所以孩子的自私错在大人。

我们为人父母，一定要明白，孩子考100分不重要，孩子的德育教育很重要。没有德育教育，就会给我们自己种下祸患。当我们老了、无用了怎么办？他就要除害啊。嫌你老了爱啰唆，怎么办？送你去敬老院。最后到死了，都见不到他一面。

我们不要认为现在报纸、电视上面所报道的杀父害母、不孝顺老人的现象离我们很远。说心里话，随时随地都会发生。我们作为父母，对孩子的教育方法不得当，把孩子本有的善良给抹杀了，才会出现孩子自私自利、没感恩心、没有孝心、没有爱心的现象。当你感觉孩子不孝顺，感觉孩子在攻击你，感觉孩子自私时，作为父母你就要反思，这些错在自己身上，不在子女。上天给你派了一个好苗子，你都给毁掉了，你是罪魁祸首。

另外，在现代家庭中有一个现象。父母对孩子的需求很了解，孩子要什么父母都能满足，但却很少有孩子知道父母的需求。父母一定要吸取教训，要引导孩子明白父母的需求，不要把孩子当"小皇帝"，否则将来就要当"奴隶"。

我们对孩子的人生应该有长远的规划，因为人生像一盘棋，假如我们走一步看一步，常常会举棋不定。假如我们在下棋过程当中，能够先看到三四步，甚至能够看到五六步，这样的人生才会走得从容不迫。

如果想要看到十几步，我们就应该好好学习《弟子规》这样经过考验的圣贤教材。无论父母和子女都要依据圣贤的教诲，父母要尽到自己的责任，"养不教，父之过"，要以身作则。子女要做到"首孝弟"，平常与父母相处的时候，要仔细观察父母想要的和不想要的。父母不喜欢的东西，我们应该尽量把它去除；父母指出我们有不良的嗜好、不良的习惯，自己应该要立刻改正，努力把自己的德行基础打好，让父母欢喜。

我们好好落实《弟子规》，就一定能给自己和孩子一个幸福美满的人生。

身体发肤受之父母，不可毁伤

接下来的"身有伤，贻亲忧"，意思是我们要爱惜自己的身体，不要使身体受到损害，让父母忧虑。

现在的人，经常会让父母很担心。这个"身有伤"不只是指身体受到伤害，还有一层意思是我们的行为会让父母担心我们受伤害。

我们经常能看到身边的人因为应酬而大吃大喝。我对烟、酒、肉过敏反胃，身上会出疹，所以一直没有真正接触过这些东西，一直吃素。我长期吃素，父母也高兴，因为他们了解我这个身体，知道我只能吃素食。

你们看，过去的父母总是担心孩子不吃肉，怕不吃肉营养不够。可现在六七十岁的老人在担心什么呢？担心孩子吃肉啊。因为孩子是营养过剩，"三高"俱全。我们都知道，饮食不当，肉吃太多，就会导致胆固醇高、血压高、血糖高。所以我们这个"身有伤，贻亲忧"，不单单指我们身体流血或者受意外伤害，就连暴饮暴食、大吃大喝，也会让父母为我们担心。

现在这个社会，三四十岁因为"三高症"去世的屡见不鲜。在我印象中，遇到的最年轻的脑血管病人，只有 17 岁就已经半身不遂了。因为这个孩子特别爱吃肉，血管中油很多，这是导致他患脑血管病的原因之一。

我这次碰到一位医学博士，他问我说："不吃肉会不会缺乏蛋白质？"我就对他说："在动物界我们可以看到，马，长期吃草，奔驰万里，体力很足。可我从没听说过马会吃肉。羊，只吃草，可它产出来的奶，还是含有高蛋白质。羊奶比牛奶都要优质，最适合人体吸收。还有驴，也是吃草、吃黑豆，体力相当足，丝毫不差。"我们再看看自己的牙齿，和老虎、狮子这种肉食动物的尖牙利齿不同，我们人的牙齿状况就是适合吃谷类、蔬菜、水果，可我们非要使劲地吃肉，吃得"三高"俱全，天天去医院，结果呢？就是让父母担忧。所以现在的年轻人一定要注意，生活起居一定要有规律，生物钟平稳，身体自然就会健康了。

现在很多人因为别人请他吃饭不用自己花钱，就使劲吃，却没想到因为有贪图之念，导致身体受到损害。所以我们在生活中，饮食一定要有规律，会搭配，才能气色好，精气神足，父母每天一看你心里就会欢喜。

一个孩子的父亲对我讲："秦老师，我都没听过吃肉能把人吃死的，可我儿子就吃肉吃死了。"原来他儿子很胖，非常爱吃肉，有一天吃晚饭时要了一大碗红烧肉，吃完回家睡觉，结果就再没醒过来。一检查，医生说他的内脏全部都有厚厚的一层油。油太厚，导致心梗去世，所以说是吃肉吃死的。

这个父亲，说过去认为孩子不吃肉，身体营养不够，就天天给孩子弄肉吃，可没想到这个习惯居然把儿子给害死了。

为了我们的生活，为了我们的健康，为了让父母不要为我们担心，我们就要生活起居有规律，让我们的身体更健康。我们现在很多人一生病就想到吃药、打针，却不知道病从口入，生病就是因为我们的嘴巴，我们在嘴上没有禁忌，大吃大喝，才导致父母为我们担心。

我遇到很多老人家很可怜。老人家说："我这么大的年龄了，身体还挺健康，可我的孩子那么年轻，却得了一堆病，真想替孩子得病，让他健健康康的啊。"我听到以后，觉得现在的父母真的很苦。

我经常看到很多报道，说现在30多岁得心梗、40多岁得心脑血管疾病的人数处于上升趋势。我的内心很震惊，都是中流砥柱的年纪，都是正为社会国家服务、做贡献的年轻人，却躺进了医院。

我们损害自己的身体是小事，可妻儿怎么办？年迈的父母怎么办？不能认为身体是自己的，就可以肆意妄为。我们想一想，身体发肤受之父母，岂敢伤乎？

我遇到很多家庭，父母都七八十岁，身体很健康，可是子女很早就去世了。我遇到一个最惨的老人家今年

70多岁，3个儿子全死了。老人家见我的时候，很无奈地说了一句话："没办法，儿子死了就死了，幸好还有孙子陪我。"

这句话听着让人很心酸。老人家实际都不想活了，可是他觉得自己死了没人照顾孙子。所以你看我们的饮食习惯，我们的情绪波动，我们身体不健康，就会给父母、给整个家族带来致命的伤害。

我常对朋友说，不要把自己的嘴当成绞尸机，不要把自己的肚子当成焚尸场。我吃的菜不要鸡精味精，只要盐和油就可以，什么东西都不放。我朋友跟我吃了几天习惯了以后说："没想到蔬菜如此好吃。"我说："你看，白菜有白菜味，胡萝卜有胡萝卜味，馒头有馒头味。可我们现在吃的都是什么？全是各种各样的作料，却吃不到食物本身的味道了。"现代人其实最不会享受生活，奢侈的饮食只会减少我们的寿命。

就拿我们的肠胃来说，我们的肠胃本身可以活到100岁，就因为我们的暴饮暴食让肠胃超负荷运动，未老先衰，只能用50年就运行不动了。就像我们开汽车一样，爱惜车的人，开10年都像新车，不爱惜车的人开两年车就要报废掉。

我记得有一次去清华大学听一个营养师讲课，他说我们每个人的胃就像一个锅一样，当我们吃蔬菜的时候，胃功能发挥起来特别轻松，一会儿就能消化掉了。当我们吃完肉食的时候，胃就会非常累，需要用超出它极限几倍的力量去消化。

我们做饭的人也知道，炒完肉菜的锅拿洗洁精一般要洗好几遍；如果是炒青菜、豆腐洗得相对就很轻松。胃也是这个道理。锅可以多洗几遍，可胃呢？锅坏了可以扔掉，请问我们的胃坏了怎么办？开刀啊。当胃不能消化掉多余的油脂，就会把这些油排到肝脏里，就会导致脂肪肝；当肝也消化不了这些油时，就会把油直接排入血管和动脉。这就是为什么有的人抽出的血上面会漂着白白的一层油。

我们经常损害了自己的身体，还不知道自己错了。所以我们要做到"身无伤，贻亲喜，德无伤，贻亲荣"，就要为自己考虑，为父母、爱人、儿女考虑，让父母提及你的时候就会两眼放光，为你自豪。

就保重自己的身体来说，我建议大家首先要经常活动。"活动"这两个字，就是你活着就要动，不动就活不下去了。我们要趁身体还年轻的时候，多为大家服务，多做公益。

其次还要注意睡眠，睡眠的时间一般为：小孩每天睡 8 到 9 个小时，因为小孩要长内脏，睡觉会让他成长得更好，让他的免疫系统提升得很快；青年人每天睡 6.5 到 7 个小时；老人每天睡 5.5 到 6 个小时。另外，人类最强的解毒系统是肝胆，而胆经的当令、当班时间是在夜里 11 点至凌晨 1 点，肝经的当令、当班时间是凌晨 1 点至 3 点，所以这 4 个小时很重要，我们的身体最好处于睡眠状态。

现在中国肝病患者的数量好像也位列世界前几名。肝脏疾病这么多，很多都是因为熬夜所致，所以夜里 11 点至凌晨 3 点这 4 个小时最好都能睡觉。中国北方黄河流域，天气都比较冷，天气一冷，人们自然就会早睡晚起，这是道法自然。中午吃饱饭应该先走一走，帮助消化，再睡 20 分钟到 30 分钟，将身体缓和一下，再爬起来，下午做事就会特别有劲。

如果一个人中午吃完饭，不稍微活动一下就睡觉，并且一睡就睡一两个小时，那他起来的时候，就会很没精神，头昏昏沉沉的，这是缺氧所致。因为血液循环到中午的时候是最高点，在新陈代谢最高点的时候睡这么久，它从最高点瞬间就降下来，所以就不是道法自然了。

做人要像太阳，不要像蜡烛。蜡烛是照亮了别人，牺牲了自己，别人会因为牺牲你而痛苦。那太阳呢？照亮了别人，也照亮了自己。所以我们做人也是一样，要为你的家人负责任，要照顾好自己的身体。如果你爱自己的老婆、孩子，请不要大量地饮酒，不要违反交通规则，不要做违法乱纪的事情。这样才是真正地爱他们。如果你做事的时候从来没有替他们着想，那你的爱就是假的。

我们要在身体最累的时候，让它休息一下。对于睡觉，也要适度，不要因为睡的时间太长，把我们人生的大好时间都耗掉了，这也是不明智的。

我常说："人做任何事情都不积极、不勤快，只有做一件事情最勤快，什么事情？那就是赶着走向死亡。我们从出生到死亡都是昼夜兼程，一秒钟都停不下来。我们做其他什么事情都容易停，只有这个是不会停下的事情。"

现在的年轻人总爱熬夜。但熬夜很伤身体，熬一夜要好几天才能补回来。年轻时候逞强斗胜，把身体都搞坏了，老了以后追悔莫及。有一个健康的体魄，是孝养父母的必备条件。如果你自己都病快快的，怎么孝顺父母啊？

控制好情绪就能远离祸患

"德有伤，贻亲羞"意思是不能做出违背伦常的事情，以免伤害父母的面子。也告诫我们要学会控制自己的情绪。如果你不会控制情绪，就容易急躁，容易做出缺德的事情来，父母同样会非常担忧你。我看到过一则报道，邻里之间为了一句话就大打出手，伤了一条性命。一句话就酿出了这样的惨祸。为什么？就是因为不会控制自己的情绪。

　　所以我们要保持一个平静的心态，要能控制住自己的情绪，才不至于惹祸。在我的人生中，就碰到过这样一个实例。当时我在老家有两个朋友，一个在大使馆工作，是个外籍华人；另一个小有成就，开了家公司，在做生意。

　　有一次他们和我提到脾气这个问题，我对他们说："你们两个要学会控制自己的情绪。学会控制，你的人生道路就会很平顺。不然的话，就会给自己惹麻烦。"我们古人创造的"忍"字，很多人都认为是心上加把刀，不好受。实际上这种理解是有失偏颇的。

　　为什么？因为这个"忍"字，"刀"的旁边有一点，这个点是什么意思呢？这个"点"其实是指别人的优点，当我们生了别人一肚子气的时候，你要把你的情绪、你的怨气都聚集到这个人的优点之上，这样你的怨气、怒气就会消失了。因为你看到了优点，也就升起了感恩之心、珍惜之心，同时，"火焰山"也就熄灭了。所以这就是我对"忍"的理解。

　　给他们讲完这些，他们就各自回去了。很有意思的是，回去以后就遇到了不同的情况。过了几个月，在使馆工作的朋友给我打电话，他说："我有个同事，好像总看我不顺眼，天天找我麻烦。您讲要控制情绪，我觉得特别好，可是落实起来真的很难啊。我都忍了他几个月了，觉得实在忍不住了，所以给您打个电话，想问问我该怎么办。"

我就对他说："别人骂了你9句你都忍了，就第10句没忍，你不是就前功尽弃了吗？既然只剩一句了，你就让它过去不是更好吗？毕竟你们是同事，抬头不见低头见，你再多想想他的优点也就忍过去了。"这个朋友一听，觉得也是这个道理，就决定再忍忍。

外国人的思维、心态和中国人确实不大一样。我朋友的外国同事经过长时间找麻烦后，发现我朋友耐性这么好、心态这么好，对于他找麻烦的事这么宽容，没有和他计较，就主动来找我朋友赔礼道歉，也说出了这一段时间不友好的原因。原来是我这个朋友在不经意间拿过单位的东西回家，恰好被他看到了，他就觉得你连这点儿小便宜都占，谁知道你还做了什么有损单位利益的事情。

这个同事也是为了单位好，就决定要在工作上和我朋友对着干，想要把他逼去找领导，领导说不定就会把他调走了。明白了这其中的道理后，我朋友也感到很愧疚，虽然自己拿单位的东西是不经意的，也确实是小东西，但是小节也会体现一个人的人品。于是他更加注重自己的一言一行，和同事冰释前嫌，关系更近了一步。戏剧性的是，经过这件事情以后，我这个朋友还被提升了一级。可谓忍而得福了。

可我另外那个朋友却和第一个的经历完全相反。他有一天去歌厅，喝了点儿酒，不小心踩了别人一下，别人骂了他两句，他的怒火借着酒劲"噌"的一下冒出来。因为他平时喜欢吃苹果，口袋里经常装着一把小水果刀。他这一发火不得了，掏出水果刀就给了别人三刀。别人挨了三刀住进医院，他也很可怜，犯了故意伤害罪，被关进监狱。

后来他的父母见到我说，他们的孩子一直很听话，一直还不错，为什么能如此冲动？其实，这就是小恶习导致遗憾的实例。就因为喝了两盅酒，一个发展非常好的公司无法经营了；就因为不能控制自己的情绪，一个非常幸福的家庭失去了往日的欢笑，他的妻儿父母还因此受辱，因为伤者的家里人跑到他家来，骂他父母、骂他妻儿。

他孩子的内心也因为这件事受到了极大的伤害。孩子曾经以父亲为荣，可现在不仅父亲高大的形象没有了，甚至自己都没有脸在别人面前提起坐牢的父亲。因为喝酒、因为冲动，毁掉的就是一个家庭。

不要小看饮酒，不要小看发火。很多人对我说："秦老师，我发火是发火，但我心地很好。"请问，你在发起火来的时候，都可能把人杀死，你是善人还是恶人？如果你问杀人犯为什么杀人，他说我失手了。你会原谅他吗？

我们一定要为成功找方法，不要为失败找借口。我们就因为太爱自己、太自私、太要面子、太任性，才使我们的人生道路步步受挫，处处受阻。我们还不明白实际错就在自己，却总是认为都是别人的过错。

所以我们讲"身有伤，贻亲忧，德有伤，贻亲羞"。没有哪个父母出门会说，我儿子是杀人犯，我女儿是抽大烟的。可很多父母会抬头挺胸地说："我儿子是大学生，我女儿是研究生。"

我给大家讲的这两个实例清楚地说明了在处理方法上、控制情绪上做得不同，结果也大不相同。这个开公司的朋友身受伤了，进监狱了；德也受伤了，让父母觉得很羞愧，教育出了如此暴力、没有爱心的一个孩子。所以我们在做任何事情的时候，一定要想到我们的行为会影响到父母乃至祖先的面子。

一言一行关乎形象

我们不仅在身体和德行上不能让父母担心和蒙羞，更不能在道德品质上让祖国蒙羞。中国是四大文明古国之一，国外一直称中国是礼仪之邦。可是我们现在是不是礼仪之邦呢？不是啊。我感觉除了身份证记着我们是中华人民共和国某某公民外，其他就无法体现中国人的特点了。

我曾经看到过 3 则报道，在这里讲给大家，也请大家以后注意。

第一个是在巴黎圣母院，门口用中文写着："请勿大声喧哗"。我们不要美滋滋地以为巴黎提倡中文，那是因为中国人去那个地方总是大声喧哗，人家没办法，怕中国人不懂外文，所以才拿中文写了"请勿大声喧哗"。

第二个是在美国的珍珠港，那里的垃圾桶上面都用中文写着："请把垃圾丢进垃圾桶"。可想而知，我们中国人在国外丢了多少脸啊！我常说，你是中国人吗？你爱自己的国家吗？作为一个中国人，如果你爱自己的国家，那你随地扔垃圾这又是什么行为？你的爱国又体现在什么地方？你看连首都北京这么文明的地方，很多公交站牌上都可以看到满满的非法小广告，更不要说随地乱扔的烟头、纸屑了。我们平时去河道，那么漂亮的河，可河边全都是垃圾。看到这些，真的很让人心痛。

第三个是在泰国的皇宫，厕所里也是用中文写着："便后请冲厕"。我们中国人上完厕所不冲的情况时常出现。这些行为准则其实是我们每个人应该具备的最基本的生活修养，难道还需要别人去提示吗？可想而知，我们做人做事差到了什么程度，我们还误认为自己很美、很好。

当你看到一个穿着时髦、外表美丽的女士在随口吐痰的时候，请问你是什么感受？我曾听一个民营企业家讲到一个真实的故事，说他的一个副厂长去接待国外来考察的商家，正谈的时候那个外国商人突然要走，连饭都没吃。最后那个企业家打电话给对方，询问是什么原因，客商说："我们不能和你们合作了。因为我们和你们的副厂长正在车间参观的时候，你们那个副厂长随口吐了一口痰在地上，还拿脚踩了两下。我一看，对卫生要求如此严格的一个车间，你们居然都这样不讲卫生，那你们的产品也一定没什么好的品质。"

一个副厂长在车间吐了一口痰，拿脚踩了两下，就损失掉了一个商业机会。我们在创业、做事情的时候，也会因为我们不注意这种德行、行为的修养，导致我们失去工作的机会、和人交往的机会。所以不要认为这是一件小事情。

有一个朋友从英国旅游回来说，英国的草坪上也用中文写着"不要踏入草坪"，而我们却有中国人偏偏要到草坪里面拍照，有的坐，有的躺，甚至还有人爬到雕塑上面搂着照相，这不是到国外去出中国人的洋相吗？

别说国外了，就我住的小区里的草坪上也插着"请不要踏小草，小草会哭泣"的牌子，但没用，还是有人踩着草坪走。我们经常在有意识或者无意识中丢我们中国人的脸，丢我们祖先的脸。

作为中国人就要活出中国人的味道，我们每一个人都是所在单位、所在家庭的代表，我们要把家庭的修养、德行体现出来，让别人称赞我们的父母教育有方；我们要把公司、企业的文化、形象体现出来，要让别人认为我们进了一家非常有潜力、有发展的公司。我们的一言一行不仅仅代表个人，在国内是代表你的公司、你的家庭，在国外是代表国家，所以我们一定要明白自己一言一行的影响有多么大。

成就人格，首重"五常"

老祖宗教导我们，成就人格，首重五常，即："仁、义、礼、智、信"，这是做人的基本原则。

"仁"的含义是要以孝养父母、奉事师长、慈心不杀为基础；处事待人，心存厚道；己所不欲，勿施于人；深恤民疾，不惹烦恼。

"义"的含义：言行举止，无不公正合宜；不起盗心，不占便宜；不偏不倚，俯仰无愧。

"礼"的含义：洁身自爱，知节用和；克己制欲，不涉奸乱；端正心思，以德治事。

"智"的含义：随顺不染，明白事理，不可感情用事；不嗔不怒，平心静气，临事不乱。

"信"的含义：民无信不立，与人交往，言必合宜，绝不食言，不妄语，不轻诺，言既出，事必行。

"仁"的意思很广，我们和别人在一块儿，要尽量让朋友快乐，让父母兄弟姐妹快乐，让所有见到你的人都快乐。你自己都不愿意做的事情，就不要给别人摊派。

　　"义"是言行举止无不公正合宜。我在接待朋友时，不管来者是什么身份，来了都是那杯茶；不管你是什么身份的人，你来了我讲的都是那番话，公正合宜。

　　"义"还要求"不起盗心"。我们现在很多人起盗心，上哪儿去恨不得把别人的钱都拿走。还会贪图便宜，在饭店吃完，一看餐巾纸多了，还要折一打装口袋里拿走，要不就去饭店多拿人家几根牙签，总在做这些贪图小利的行为，这都是不对的。我们要不偏不倚，俯仰无愧。

　　"礼"的含义是洁身自爱，知节用和。我们现在人都不洁身自爱，把自己的身体当垃圾桶。好色的人把身体当作公共汽车。心里被各种欲望填满了：贪欲、色欲、嫉妒欲、憎恨欲、攻击欲、毁谤欲，这些念头欲望都会让我们痛苦，所以我们要克制自己的欲望。

　　"不涉奸乱"就是说我们要少去所谓的声色场所，像酒吧、舞厅。别人不管用什么心态、方法对我们，我们对他都是"以德治事"，以德、以慈悲、以博爱、以包容去宽容他。

　　"智"的含义：随顺不染，明白事理，不可感情用事，不嗔不怒，平心静气，临事不乱。

这个"随顺"不代表是同流合污，随顺就是恭敬。不染，是我们看见一个贼就要恭敬远离他，一定不要学习他的过失。看众人之优，才能长出众人之优，这才叫取众人之长，才能长于众人。你取长补短才和正常人一样，所以这个叫"随顺不染"。

那别人发脾气怎么办？你看到了，可以劝他，给他消消火。不染是做什么？就是一定不要犯他同样的错误，这叫不染。有一位女士对丈夫、孩子一直很好，去了一个朋友家，一看那个女的很厉害，对丈夫、儿子大吼。这个女士回家就有想法了，说我这么软弱，你看人家那么厉害，她丈夫很乖，孩子也很乖，不行，我以后有什么事儿也要大吼大叫。这就不行了，这叫什么？随顺有染，不是不染。

所以我们看到优点要学下来，缺点要杜绝，这才对，这叫随顺不染，明白事理，不可感情用事。

不嗔不怒，就是不急不躁，不要有嗔恚心，不要发怒。我们要用一个平静的心态去做事情，才能临事不乱，这个是智的标准。

"信"的含义：民无信不立，与人交往，言必合宜，绝不食言，不妄语，不轻诺，言既出，事必行。此五常，是成就人格之本。一个人如果能处处为他人着想，处处都遵循道义，谦恭有礼，处处能通权达变，言出必行，当你做到这些时，别人会从内心喜欢你，打心里升起对你的崇敬之意，这才是真正做人的味道。

你如果希望孩子、学生一生都能够真正活出人的尊严，就要把"仁、义、礼、智、信"扎根在他心里，让孩子从小知道"父子有亲、君臣有义、夫妇有别、长幼有序、朋友有信"这五伦大道，才真正对他们的人生有帮助。

学之有序，博学、审问、慎思、明辨、修身、处事、接物。这些圣贤的教诲，将会影响孩子的一生。因为"少年若天性，习惯成自然"。小孩儿的天性你要是不加以适当教育，就习惯成自然了。就像《三字经》上讲的"人之初，性本善，性相近，习相远，苟不教，性乃迁"，虽然人的本性都是善的，但如果教育不得当，最后可能导致本性起变化。

《弟子规》内容很深，"身有伤，贻亲忧，德有伤，贻亲羞"这两句话，小到自己，大到家庭，再大到国家都涉及了。希望大家一定要明白《弟子规》的重要性，我们现在给各个地方都大量赠送《弟子规》，很多人看完以后才知道，原来《弟子规》是我们每个人一生必学之课，希望大家真正能努力去学、去做。

逆境之中，方显孝道

接下来讲"亲爱我，孝何难，亲憎我，孝方贤"。

当父母非常喜爱我们的时候，我们要去孝顺父母，是非常容易的事情；当父母不喜欢我们的时候，或者管教过于严厉的时候，我们要是能做到一样孝顺，是非常困难的。

现在很多人在该孝敬父母的时候都找种种借口，这样的例子我碰到太多太多了。很多父母想星期六、星期天见一下自己的孩子，比见主席都难。当我们在生活中亲情的力量、爱情的力量小于金钱力量的时候，说心里话，我们就已经活得不像人了。

现在人们心中对利益的看重远超过了亲情，名利心远超出了对父母的感恩、珍惜。还有一个很可怕的现象，现在的人都不孝顺亲妈，都去孝顺干妈。我就见过好几个人特自豪地跟我说，他有个干妈，是某某部长夫人，特别能干之类的。可一说到自己的亲妈，总是一副鄙夷之情，嫌弃自己的爸妈是农民，甚至都不让他们到城里来。

这些人一面是冷落亲生爸妈，一面是天天孝敬着干妈。这是为什么？也是为利啊。因为干妈有权有势，可以利用，可亲妈除了给自己带来拖累，什么用也没有。所以说现在的人活得太没人味了。

所以说"入则孝"这一篇是整个《弟子规》的中心。要是你连孝都做不到，你说你对朋友有信、对人做事有诚，也都是骗人的。希望我们大家一定要把孝道彻彻底底落实到位，让父母心有所依，身有所住，志有所依。这是我们每一个做子女的都该去做的事情。

中华民族有 5000 年悠久的历史，是世界四大文明古国之一。在这源远流长的历史长河中，无数古圣先贤名垂万世。在上古时代，有 3 位非常著名的帝王尧、舜、禹，他们均因德行大而受四方举荐登上帝位。这其中，舜因"至孝"而感动天地，被尧帝选中为继承人，他的故事也被列为历代孝行故事之首。

尧帝 16 岁称帝治理天下，到 80 岁的时候，觉得自己年纪大了，希望能找到一个合适的人继承帝位。于是他征求群臣的意见，没想到众位大臣异口同声地向他推荐一个乡下人——舜，因为舜是一个著名的孝子。我们祖先把孝行放在德行的首位，因为一个孝顺父母的人，必定会爱护天下的百姓。

舜即位之后国号为"虞"，历史上称他为"虞舜"。这个舜帝，本姓姚，名重华。他的父亲是一个不明事理的人，很顽固，对舜相当不好。舜的母亲非常贤良，但不幸在舜小的时候就过世了。于是父亲再娶，可后母是一个没有妇德之人。生了弟弟"象"以后，父亲偏爱后母和弟弟，3 个人经常联合起来欺负舜。

可舜对父母都非常孝顺。即使在父亲、后母和弟弟都将他视为眼中钉，欲除之而后快的情形下，他仍然能恭敬地孝顺父母，友爱兄弟。他希望竭尽全力来使家庭温馨和睦，与他们共享天伦之乐。虽然这其中经历了种种的艰辛曲折，但他终其一生都在为这个目标不懈地努力。

在孝顺父母碰到逆境的时候，我们一定要坚持，坚持很重要，真正的坚持是发自内心的，不是外在的东西。舜帝就能坚持，不会因为父母对他的不好而放弃孝敬父母。

舜帝小时候受到父母的责难后，心中所想的第一个念头是：一定是我哪里做得不好，才会让他们生气。

我也跟朋友讲，别人骂你的时候，你要三思而后行。第一思：我是不是哪里做错了，所以他在骂我。如果想了以后，还是没有发现到底哪里做错，那就要第二思：看看他是不是在向我示威，说他不好惹，让我不要做损害他利益的事情，这样一想心里应该也就能平衡了。如果他还在骂我，那就第三思：他是不是没事干，故意找碴儿。如果是，那我就不能跟他一般见识了，否则就变成和他一样无聊的人了。

所以说三思而后行，绝对生不起气，打不起架。舜帝当年就做得非常好，父母兄弟刁难他，他会想是自己哪里做得不对才让他们生气。他还更加细心地反省自己的言行，想办法让父母欢喜。如果受到弟弟无理的刁难，他不仅不会因此愤怒，反而认为是自己没有做出好榜样，才让弟弟的德行有所缺失。他经常深切地自责，有时甚至跑到田间号啕大哭，自问为什么不能做到尽善尽美，得到父母的喜欢。人们看到他小小年纪就能如此懂事孝顺，没有不感动的。

舜帝的一片真诚孝心，不仅感动了邻里，甚至感动了天地万物。他曾在历山这个地方耕种，与山石草木、鸟兽虫鱼相处得非常和谐，动物们都纷纷过来给他帮忙。

当尧帝正为传位的事情操心时，听到四方大臣的举荐，知道舜淳朴宽厚、谦虚谨慎。所以尧帝便把两个女儿——娥皇和女英都嫁给舜，并让 9 个儿子来辅佐他。娥皇和女英也都很明理贤惠，不仅尽心孝顺公婆，操持家务和农事也井然有序。她们不仅是舜的得力助手，也成全了舜始终不渝的孝心。

有一次，舜的父亲让舜上房修补屋顶。舜上去之后，没想到他的父亲就在下面放火了。当大火熊熊燃烧起来万分危险之时，只见舜两手各撑着一个大的竹笠，像大鹏鸟一样从房上从容不迫地跳下来，原来聪慧的娥皇和女英早已为他做好了相应的准备。

还有一次，舜的父母命令舜去凿井。舜凿到井的深处时，他的父母和弟弟想把舜埋在井里，就从上面往井里拼命倒土，以为这样舜就永远回不来了。没想到舜在二位夫人的安排下，早已在井的半腰凿了一个通道，从容地又躲过一劫。当弟弟象得意地以为舜的财产都归他所有的时候，猛然见到舜走了进来，大吃一惊，慌忙掩饰了一番。但舜并未露出愤怒的脸色，仍旧若无其事地侍奉父母，对待弟弟。你看舜帝对这样害他的亲人，都能如此地回报以不竭的爱心。

当年舜初到历山耕种的时候，当地的农夫经常为了田地互相争夺。舜便率先礼让他人，尊老爱幼，用自己的德行来感化众人。果然，一年之后，这些农夫都大受感动，再也不互相争田争地了。

所以说我们的行为很重要，会感召人，会影响人。你要想让你的子女孝顺你，首先你要做一个孝顺父母的子女。学传统文化贵在要求自己，不是要求别人。要求自己很轻松、很自在，如果要求别人就会很痛苦，很麻烦。人在做事天在看，你做好就行了，根本不用有意识地去感化别人，你做得好，自然就会感动别人。

舜还曾经到过一个叫陶河的地方，此地土壤质量不佳，出产的陶器粗劣。令人惊讶的是，舜在此地治理一年后，连陶土的质量都变好了。

后来，只要舜所居之处，来者甚众，1年即成村落，2年成为县城，3年就成为大城市，即是史上所称的"一年而所居成聚，二年成邑，三年成都"。大家一致认为这是舜的德行所感召的结果。

尧帝得知舜的德行后，更加赞赏。舜经受种种考验之后，尧帝并未马上将王位传给他，而是让他处理政事20年，摄政8年，28年之后才正式把王位传给舜。足见古代帝王对于王位继承是多么用心良苦，丝毫不敢大意。假如不能以仁治国、以德治国，国家就难以长治久安。

当舜继承王位时，并未感到特别的欢喜，反而伤感，认为直到今天父母依然不喜欢他，作为天子、帝王又有什么用呢？你看他孝顺父母的心真是到了极处。他的这一片至德的孝行，沥血丹心，莫不令闻者感同身受，继而潸然泪下。皇天不负苦心人，舜的孝心孝行，终于感化了他的父母，还有弟弟象。

《孟子》云："舜何人也？予何人也？有为者亦若是。"舜能做到孝顺，我们也能。因为我们天性中都有一颗至善、至敬、至仁、至慈的爱心。假如我们能以舜为榜样，真正尽到"孝亲顺亲"的本分，必能缔造幸福美满的家庭。继而再将"孝"扩散到我们周遭所有的人、事、物，任何冲突对立都会冰释消融。这至孝的大爱会孕育出互敬互爱、和睦共处的和谐社会。

所以愿我们每一个人、每一个朋友都活出中国人的味道。要活出做人的味道，孝道是我们做人的根本和中心，也是我们人生真正该落实的东西。

真正孝敬父母的人不遭大灾

孝顺父母要从当下开始，绝对不是明天，不是非要挣大钱以后才能孝顺父母。老人的生命太脆弱了。

我们现在人都经常借口自己忙，无力照看老人，就把老人送到敬老院。我遇到很多老人跟我说："秦老师，您跟我儿子说说，别把我送到敬老院，我在家里就行，我不给他们添乱，我很听话。"

这话听了多让人心酸啊，老人可怜成小孩儿一样，说他在家里很听话。可是我们呢？却完全不顾及老人的感受、老人的想法。我们还会说自己很孝顺，你看养老院里吃的、喝的都不缺，管理也很认真，不会让老人受委屈的。我觉得现在有些人比动物还不如，动物还会给它爸妈找吃的、找喝的。

人和动物不同之处在于情义和恩义。情义就是天伦之乐，让老人能看到孙子、重孙，这样他们就会很快乐，能和自己家人住在一块儿，他们会感到很幸福。

恩义是什么呢？要知道老人是我们的根，如果树根都死了，枝叶还能茂盛吗？父母对我们都是有养育之恩的，可把父母送进敬老院，这是在报恩吗？我去敬老院多一些，里面的老人真的很可怜啊，虽说比坐牢好一些，可老人感觉和坐牢也差不多。每天盼着孩子能有点儿空来探望自己一下，多可怜啊。

如果一个人对自己的父母、长辈都不能孝顺，那他所信仰的宗教乃至德行、学术就全是骗人的，是虚假的。

我们一定要明白，我们该做的事情就是当下发起孝顺老人的心。清明节的目的是什么？就是让我们不要忘记去世的祖先。可我们现在别说不忘记去世的祖先了，就连在世的长辈都不理不问啊。

现在有父亲节、母亲节，就是为了提醒大家不要忘记我们的父亲和母亲。其实天天都是母亲节、父亲节。一个真正孝顺父母的人，说心里话，不遭大难，不遭大灾。

大灾要来的时候只有一种动物不知道，就是我们人类。

人身为万物之灵，为什么不知道？因为贪欲障碍，憎恨心障碍，愚痴心障碍。人已经被欲望等一大堆的东西，闭塞住了自己本有的那种能力。动物没有什么欲望，它每天能吃饱就好了，不会想要去害人。即使是老虎，只要它吃饱了，看到身边的小动物，它也不会去侵犯。所以动物内心很清澈，地震还没发生以前，能量已经传递出来，它们马上有感觉，就赶快行动。你看，大地震以前，很多的蚯蚓都搬家。

动物吃饱了都不会去害人，可我们人呢？对自己的父母都不会客气啊。恨不得把父母的骨头都熬成油卖了。现在有些人很可怕，父母刚一生病，兄弟姐妹在一块儿不是商量怎么给父母治病，让老人的身体能早日康复，而是商量怎么分配父母的房产和钱财。

我们一定要用自己的至诚心去孝顺父母，真正抽出时间去陪他们，因为时间真是陪一天少一天。现在有很多人天天说自己忙、没时间，可你知道，这个忙是什么含义？忙就是心亡的意思啊，你看这个亡旁边一个竖心旁，就是说心累死了就是忙。

就是因为我遇到了许多没有人性的行为，我才立志要弘扬《弟子规》。因为我觉得我这个人最大的好处就是活得像个人，觉得自己还不错。我一有时间就来做做义工，讲讲课，希望每一个人在听课的过程中，能更加珍惜你的六亲，珍惜你的父母。

孝顺父母，百善之门将为你而开

接下来是"亲有过，谏使更，怡吾色，柔吾声"。父母亲有过错的时候，应小心劝导他们改过向善，劝导时态度要诚恳、声音要柔和，并且要和颜悦色。因为父母亲也是人，每个人都有优点，需要大家学习；每个人都有短处，需要大家包容；每个人也都有过失，需要大家理解。

"谏不入，悦复谏，号泣随，挞无怨"。如果父母不听规劝，要耐心等待，一有时机，例如父母情绪好转或是高兴的时候，再继续劝导；如果父母仍然不接受，甚至生气，我们此时虽难过得痛哭流涕，也要恳求父母改过，纵然遭到责打，也要无怨无悔，以免陷父母于不义，一错再错。

天下不会有人心肠像铁石一样，只要我们肯用心，发自内心对父母孝顺奉养，父母再怎么不好，也都会有感悟的一天。

可现在的孩子，父母稍微说两句，他都要顶撞，甚至还会记恨父母。别说小孩儿了，我们现在的大人动不动对父母都是大吼大叫，说什么父母老了老了还这么啰唆，管那么多闲事，经常用这样的话去冲撞自己的父母。

同样是一张嘴，我们为什么要说话尖酸刻薄，让你的亲人、朋友痛苦呢？同样是一双手，为什么我们不去做一些布施，去帮助别人呢？为什么非要做一些让我们祖先蒙羞的事情呢？同样是一颗心，我们为什么不用博爱、慈悲、仁德的胸怀去面对所有对你好或者不好的人呢？我们为什么非要去憎恨、去欺骗所有的人呢？

接下来我们讲"亲有疾，药先尝，昼夜侍，不离床"。父母生病的时候，子女应当尽心尽力地照顾，一旦病情严重时，更要昼夜服侍，不可以随便离开。

当我们用真心在照顾父母的时候，内心会感觉到很充实。因为一个人在报恩的时候，跟自性是相连的。"树欲静而风不止，子欲养而亲不待"，我们要珍惜为父母付出的机会，因为生命太脆弱了，老人说没就没了。当他们不在了，我们要想真正去尽孝就不可能了。

需要提醒的一点是，文中的"亲有疾，药先尝"，可能不适用于现在，因为如今所服之药多为西药，不可由子女先尝。但这句教诲的真正意义在于：子女要有关心父母的心并力所能及地去关爱父母。如父母在吃药前，送药的水温是否合适；该吃的药是否按说明书要求的剂量准备好了；忌口的食物是否已经从菜谱上划掉，等等。我们可以从这些方面去关心和照顾父母，尽到为人儿女的责任。

接下来讲"丧三年，常悲咽，居处变，酒肉绝"。说到守孝三年，我要讲讲我的亲戚，那是我爱人的大姨和大姨父，他们真的让我很感动。两个人都是城里人，在城里生活得非常好，可当大姨的婆婆去世以后，夫妻两个人从城里头搬回农村。

我问他们为什么回来呢。大姨说："人家都说老人去世3年不离家，魂经常会回来看看。我们虽然是共产党员，不太信这个，可是老人去世，我们心里也是很难过，所以我们就不在城里住了，回来住3年。"这是我遇到的真正做到守孝3年的唯一案例。

我就曾经遇到过一个事业很成功的老板，父母去世以后他很难过，专门弄了一间房，给他父母塑了两尊小像在里头供着，早晚上香跪拜，天天如此。如果他出差，就会委托爱人拜。只要他在家，绝对是他自己亲自烧香，自己跪拜。

我很感动啊，他的做法就是《弟子规》上讲的"事死者，如事生"，侍奉去世的父母如对待他们活着时一样。

在孔子的学生中有个学生宰予，他是个思想十分活跃的人。孔子提倡子女必须为父母守孝 3 年，宰予当面反对说："时间太长了。"孔子对此很生气，问他："难道你没有从父母那里得到过 3 年的爱抚吗？"

我们从一岁到三岁，父母对我们的爱抚有多少？可让我们给父母守孝 3 年，我们都还嫌多。别说 3 年，现在人对父母去世后的一七、二七、七七都嫌烦。

在我国古代，父母去世，子女要为父母守孝 3 年。在父母的坟墓旁盖上简陋的草房，穿粗布孝衣，吃素食，夫妻不同居，平时不从事娱乐活动，以此来表达对父母养育之恩的哀悼和纪念。

我们上小学的时候，可能因为想要一台电子琴，就要花掉父母一个月的薪水，可我们大多数人弹几次后就不弹了，这就是孩子对父母的回报。

我们上初中了，跟父母和同学看电影，不愿意和父母坐在一起，只愿意陪同学，这就是我们给父母的回报。

高中毕业了，父母大多会给我们做一顿丰盛的晚饭，可我们还是选择出去陪同学吃而不陪父母，甚至一个电话都没打回家，就跟同学在外面玩到深夜。

上大学后，父母竭尽全力把上学所需的费用筹齐了，欢欢喜喜地带着我们到学校去报到。可快到学校大门时，我们可能会说："爸爸妈妈，你们在这里就行了，不要进去，怕同学见到了丢脸。"

我们结婚以后，夫妻之间相处，可能出现一些矛盾，如果生活不顺利，父母又要为我们担心。

所以你们看父母对我们几十年的关怀照顾，我们给了父母什么回报？我们没有。

希望我们大家回去以后都反省一下，是不是我们陪父母的时间太少了。我提醒大家，当你把孩子当成手中珍珠、怀中珍宝的时候，千万不要忘记你的父母对你也是如此。

接下来讲"丧尽礼，祭尽诚，事死者，如事生"。在为父母办理丧事时，要尽力做到礼仪的要求，祭拜时内心必须真诚。对待已经去世的父母，要像他们还活着一样。这是孝的最高境界。

我们现在做到了吗？老人一旦上年纪以后，子女就会嫌弃老人不中用，嫌老人脏，甚至吃饭都不和老人一起，给父母个小桌子，让他们单独吃。

可是我们有没有想过，父母在养育我们的过程中，何时嫌弃过我们啊。父母把我们从小抚养大，一把屎一把尿，从没有任何怨言。我就记得有一次我儿子在床上，跟我爱人说他着急尿尿，我爱人一着急，想都没想就拿自己的喝水杯去给儿子接尿。我说你怎么拿杯子接，她说自己儿子嘛，怕什么，杯子脏了洗洗就行了。

孝养父母，奉事师长，是我们世间最该重视的两条根本原则。我们一定要体谅和关照父母，因为老人真的是我们该关心和照顾的对象。孝养父母也是能激起我们善良心怀的一种方式。

我经常在想，如果我们连父母都不孝顺，那就是连人都没做好。

如果一个人对自己的父母都不孝顺，就更不可能对别人好。如果他对别人好，那一定是意有所图的。当你手中有权、有钱时，会发现有好多人对你好，可一旦退休、破产后，就会发现这些人都不愿再与你来往。现在世间人大多都被利益心驱使，为了钱可以不择手段，为了钱甚至可以兄弟反目、父子成仇。

"丧尽礼，祭尽诚，事死者，如事生"，对我们是一个警示。父母去世以后，你要拜祭、要恭敬，如同父母在世一样。可现在很多人家，父母去世以后，甚至连父母的照片都要烧掉，说人死了，家里摆个照片太晦气。家里只挂夫妻俩的照片。可你要知道，若干年以后，我们也会去世，彩照也会变黑白照，不要以为我们现在年轻就美滋滋的。

现在真正活出人味的人太少了，现在的人穷得就剩下一把钱了。任你现在住的是高楼大厦，去世以后不也是一把骨灰吗？你现在追逐的那些名利，生不带来，死不带走。人活一世，一定要做一个真真正正的人。而做人首先就要尽孝。如果我们父母还在世，我劝大家，常回家看看。

要想孝道圆满，我们要让父母少为我们操心，让父母随时随地都能知道我们很听话，我们很健康，我们夫妻关系很好，这样才是真正养父母的心。我们的一言一行要让父母少为我们操心，违法乱纪的事情，违背伦理道德的事情我们不要去做。

孝为百善之首，我们一旦孝顺父母以后，百善的门就开了，你有100扇门，哪愁没工作啊。孝顺孝顺，顺着父母的心意，我们才能事事顺心啊。所以我们大家一定要明白我们做人的根本，活出人的味道。

父母一旦去世以后，我们举办丧礼一定要非常诚心、非常恭敬。可是我们现在看到很多人对父母去世以后的丧葬方式非常草率，甚至表现得非常不耐烦，恨不得赶快火化掉，早完事早解脱的感觉。有的人甚至把父母的骨灰搁在殡仪馆里，很多年都不入葬。

现在还有很多人，当父母在世的时候，不能用孝心和恭敬心来对待老人，可老人死后却大操大办，非常周到地做足各种礼数。这种人其实都不是真心对父母，而是有两种目的：第一是好面子，觉得别人看到自己给父母的后事办得这么隆重，就会夸自己是个孝子；第二是要靠葬礼赚钱。因为丧事办得越大，来的人越多，送的礼金也越多，这是一笔可观的收入。老人的去世，对他们来说，并不悲哀，相反还很高兴能给自己带来这个赚钱的机会。你说这样的子女还有人味吗？

最近我常想，过去的古人讲究父母去世后守孝 3 年，可现在很多人认为这是迂腐，实际错了。哪一个子女在人生的道路上没有受到过父母 3 年的悉心照顾？即使我们现在工作很忙碌，无法做到守孝 3 年，也至少要在父母去世 3 年内常去思念父母的养育之恩、教导之恩，这样我们每一个人善良的本性才不至于丢失。我们一定要体谅亲恩，逢清明、冬至这些节气的时候，要想到祭奠父母，也好让子孙跟着我们学习孝顺的心境。

贪嗔痴三毒，会损害福气

我们在学习《弟子规》时，"入则孝"是第一篇，它的内容特别丰富，要细讲的话，讲一年都讲不完。

很多人不懂这个道理，结果妨碍自己一生，损害自己的福气。我就碰到过抱怨自己父母的人，说自己的父母没出息，挣不了大钱，自己投生到这么穷的家，倒霉死了。

我还碰到过一个小伙子，当着我们的面嫌弃自己的母亲个子矮，说都是因为他母亲这个矮子嫁到他们家，才使得他们家的后代都长得矮。当我们在说这种话的时候，我们还是人吗？我们不知道去珍惜父母、亲人对我们照顾的恩德，唯一能记得的只有仇恨和抱怨。

实际上，我们现代每一个人都被3种毒跟着，它们蒙蔽了我们的慈悲、仁德。如果我们经常跟随良师益友，就会被这3种毒抛弃。它们会说这人太善良了，我们跟不了他。

第一毒是贪，第二毒是嗔，第三毒是痴。你看我们买菜的时候要砍价，这菜卖一块五，你非让人家卖一块。这贪一看："哟，这人砍价呢，他贪财，我就跟着他吧。"如果价没砍下来，你就火了，说："你的菜这样还不降价，我不要了。"你这一生气、一发火，姓嗔的又跟着你了，嗔就是嗔恚。你看，贪和嗔都跟着你了。

当你转身走的时候，边走边骂骂咧咧的，你愚痴的行为也就表现出来了。你看，我们买个菜就有可能被这贪嗔痴三毒跟着，我们不要认为它没有跟着我们，不是它要跟我们，是我们想它了。

当我们的贪念生起后，贪而不得，就会有嗔怒心。比如父母给我们的财产分得不够多，我们就会去打官司，打官司就会做出愚痴的行为。

所以我们在生活中，一定要把《弟子规》真正落实下去，不要认为它很烦琐，其实它很简单。因为国家的法律不知道有几千条几万条，我们都没有感觉到不舒服、不自在，而《弟子规》只有6篇，我们落实起来不是很容易吗？

第二讲

出则弟

兄道友　弟道恭　兄弟睦　孝在中

财物轻　怨何生　言语忍　忿自泯

或饮食　或坐走　长者先　幼者后

长呼人　即代叫　人不在　己即到

称尊长　勿呼名　对尊长　勿见能

路遇长　疾趋揖　长无言　退恭立

骑下马　乘下车　过犹待　百步余

长者立　幼勿坐　长者坐　命乃坐

尊长前　声要低　低不闻　却非宜

进必趋　退必迟　问起对　视勿移

事诸父　如事父　事诸兄　如事兄

用爱的四个标准，成全善和美

我们接下来要讲的是第二篇"出则弟"。首先讲"兄道友，弟道恭，兄弟睦，孝在中"。

"入则孝"着重讲的是对父母的态度、行为和思想。而这一篇讲的是对孝顺的一个延伸，不光要对父母好，对兄弟姐妹也要做到恭敬、相爱、相亲。当哥哥姐姐的要友爱弟弟妹妹，做弟妹的要懂得恭敬兄姐，这样兄弟姐妹才能和睦相处，一家人才能其乐融融，父母也自然就欢喜，孝道也就体现在其中。

我们要学会包容别人的缺点、过失，尤其是对自己的家人，更不能抓住缺点不放。真正做到包容，那我们的人生中就没有敌人、没有烦恼，亲情也会更加浓厚。如果我们都学会理解、学会包容，那么夫妻就不会离婚，兄弟也不会反目。我经常讲，兄弟姐妹一脉同胞，血浓于水，所以我们手足之间一定要相亲相爱。我们现在可以看到很多兄弟姐妹，真的和仇人一样不来往。

中国一直有"长兄为父，长姐为母"的说法。我就亲身体会过，就是前面我给大家讲过的我老婆的大姨两口子，他们真是孝顺父母和友爱兄弟的典范。他们两个也是工薪阶层，但是比别的兄弟姐妹经济条件稍微好一些，他们去看兄弟姐妹的时候，总是悄悄地把钱压在席子底下，或者压在柜子底下，走了以后才会对他们说。因为他们觉得当面给钱，会让人家面子上过意不去，所以总是悄悄地给钱帮助别人。

这些事情都是从孝道上延伸出去的，也就是对父母的爱。什么是爱？爱的标准有四个：爱的感觉是温暖的，我们要让每一个人都有温暖的感觉；爱的言语是正直的，因为我们爱一个人，是要给予，不是索取；爱的心地是无私的，我们真正去爱一个人，就希望他过得更好，希望他人生更幸福，我们没有任何企图；爱的行为是成全，当父母看见自己的孩子之间关系这么好，就高兴，就快乐。我们每一个人在做事情的时候，一定要有体谅孝顺父母的心，做任何事情都要体念到自己父母的爱好和需求。

爱就是要成全对方的善，成全对方的好，用心感受对方的需要。我们要学会体谅，看大家都需要什么，而不是只看我们自己需要什么。只有我们为人人，人人才能为我们。

我们每一个人都要有爱，不仅仅是爱自己、爱自家父母、爱自家兄弟姐妹，而是应该对任何人的父母、兄弟姐妹都要爱。这是一种大爱、一种博爱，有了这种爱，才会幸福和快乐。

三种夫妻关系，你是第几等？

有很多女士会问我如何选对象。我就对她们说你最该看的就是这个人孝不孝顺父母，如果他不孝顺父母，千万不能嫁给他。因为不孝顺父母的人缺乏情义和恩义。如果跟这样的人结婚，当你失去魅力或者价值的时候，就很有可能会被他抛弃。

古人讲得好，"男怕选错行，女怕嫁错郎"。孝道不光是在手足关系里可以体现，在夫妻之中也能体现。我曾讲过一堂夫妻关系课，把夫妻关系分为 3 种。

上等夫妻如聚宝盆，福气取之不尽，用之不竭。丈夫夸妻子贤惠，妻子夸丈夫英明。双方父母天天睡觉做梦也是乐的，也会互相夸奖说你女儿优秀啊，你儿子孝顺啊，整个家庭就会非常和睦。

中等夫妻是洗脸盆，各洗各的，各过各的。夫妻俩都是早出晚归，各忙各的，经常是一个还睡着，另一个已经出门了，甚至两人连面都见不上。这种家庭现在比较多，夫妻俩忙到都没时间在一起吃顿饭，更别提回家看看老人，陪老人一起吃顿饭了。而双方的父母更是心凉如水，感受不到儿女的温暖，还要天天提心吊胆，害怕两口子闹离婚。

最下等的是第三种夫妻，人贬人低，走哪儿臭哪儿。这老婆一回娘家就说老公这不好、那不好，要闹离婚。父母的心就"怦怦"地跳，不知道怎么办。这老公一回家，父母一问你老婆呢？男的就说老婆回娘家了，这媳妇不能要，也要离婚。老人家心里难受呀，就会想他们离婚了，孙子怎么办啊。

下等夫妻的父母都不长寿。所以说现在老人很可怜，养完儿子养孙子，养完孙子还要操心。

孝是百善之首。你孝心一起，夫妻关系也会和睦。为了孝顺父母，夫妻之间不敢吵架，出门不敢惹是生非，怕父母伤心，不会去做违法乱纪的事情，怕给父母抹黑。做生意的人一定会诚信待人，怕不讲诚信会辱没父母。我们的一言一行都要顾及自己的形象，顾及父母的面子，所作所为要为父母增光。

有很多人看完书以后觉得很感动，才真正知道了该如何做人，如何孝顺父母。整个一部《弟子规》所讲的孝道内容很丰富，我们只有真正去落实了，人生才会很圆满，人脉才会大于财脉，因为和我们相处的人都被我们的德行修养所感召，我们想不幸福都不行。

有智慧的老板会选员工，有智慧的企业家会用人。我们的一言一行都会导致我们成功或者失败。我们每一个人在人生的道路上都会碰到老师，关键看我们有没有真诚地去接受他们的提示和教导。

俗话说："物以类聚，人以群分。"我们要是不孝顺父母，就会聚集很多不孝顺父母的人，使我们周围的磁场变得不好，使得有德行、有能力的人逐渐离我们而去，我们的人生就会越走越差。要知道行为决定我们的成与败，心态决定我们的苦与乐。珍惜才能拥有，感恩才能天长地久。

希望我们每一个朋友在学完《弟子规》以后，在人生的道路上，能活得像中国人，能活出人的味道。我们学《弟子规》也好，学圣贤教育也好，最重要的都是从孝顺父母开始，从友爱兄弟姐妹开始。

这是打开我们财富和人生事业兴旺发达之门的黄金钥匙。我们只有严格要求自己，提高德行、修养，不断完善我们孝顺父母的行为，才会感召一帮真正和我们有共同爱好和德行的人。

我常说：知道、悟到、做到才能得到。一般人听了些圣贤教诲之后只是知道，还没有体悟到它是真实不虚，是跟我们生活分不开的。

希望我们大家真正用珍惜的心、感恩的心去孝顺父母，友爱兄弟姐妹；希望我们每一个人对父母说话的态度都越来越温和，让嘴巴说出吉祥的话、感恩的话、爱大众的话。

不要中了钱的毒

下面我们讲"财物轻，怨何生，言语忍，忿自泯"。这是告诉我们与人相处不要斤斤计较，把钱财看得淡一些，怨恨就无从生起。言语忍让一点儿，愤怒过一会儿就会消失。

现在的人很可怜，因为好多人都中了钱的毒，眼里只有利益，除了金钱，看不到任何的亲情、友情、爱情。

有一次我在家，有个领导在楼下的车里等我，让他的秘书上来找我。秘书上来以后，我说我正在忙，稍等一会儿就下去。他就说："还没有人敢让我们领导等呢。"我笑了笑也没说话。

我忙完下楼后见到这个副部级领导，我就对他说："我眼里从来没有领导和老板这两个身份，有的只是朋友和长辈。"

这个领导就问："为什么呀？"我说："老板容易破产，领导容易退休啊，这两种身份不会永久在某一个人身上。朋友和长辈则不同，朋友一生不会变质，长辈一生不会退休。"在公交车上，我们看见老人都会让座，可没有人说这是领导，给他让座的。

所以我们与人交往、与人相处不能光是斤斤计较财物、身份。这些光环不会一生笼罩着你，不要被钱蒙蔽了我们的善良和慈悲。

在我的人生中，从十一二岁开始，我交往的人中就有很多长者，但是不论多高级别的领导，在我的眼里也只是长辈，除了长辈就是朋友，别的什么都没有。我坚信只有这两种身份永远不会破产，永远平等。

可我们现在有些人与人交往，大多看重人家的头衔、职位、金钱这些外在的东西。我曾参加过一次饭局，有一大桌吃饭的人，互相介绍的时候不只说名字，还要介绍是某某局某某领导，都要把头衔加上。吃到一半的时候，大家开始互相留电话，说以后如果有什么事情就会麻烦领导帮忙。我一看，这饭就没有味道了，因为这个饭局吃的是利益，领导吃了这样的饭也难消化，不知道自己吃一顿饭，以后会有多少人来找他帮忙。

过去人讲有奶便是娘，我起初还不太信，现在信了。我们的人性如今已弱到了极处，所以《弟子规》是我们人生的必学之书。

"财物轻，怨何生"，希望大家能真正明白，如果我们真能做到将财物看得很淡、很薄，我们的憎恨心就起不来。对父母也一样，每一个儿女对父母来说都是手心手背的肉，如果父母对儿女之间有点儿偏向也很正常。我们不能因为父母的这点儿偏爱，就憎恨父母，甚至对父母不讲恩情，不赡养父母。

我们现在的人怨恨心很重，都是来自于两个方面：占有欲和控制欲。我们想贪财、多占有、多控制，希望父母对我们言听计从，希望老板天天捧我们，希望领导听我们的话，希望他们都不要钱，把钱全送给我们。甚至买个菜，砍不下价来都会生气。这都是因为我们没有做到"财物轻"，所以就生怨。

我们要是对父母的财产没有贪得之心，绝对不会和兄弟姐妹打起官司；我们真要是对财物看得很轻，绝对不会对老板产生报复和怨恨的心理。

就是因为重钱忘义的心态，才导致现在人没有人的味道。为了父母的财产而产生矛盾的亲兄弟，可以十几年甚至几十年不来往。为了我们自己有时间赚钱享乐，就把父母送到敬老院，让他们变成只有吃喝、没人关心的孤寡老人。因为太看重钱财，以至于我们连亲情都忽视掉了。现在的人记忆力都很差，问他父母生日他记不住，但谁要是欠他钱，过 10 年他都能记得，可见亲情的力量没有钱的力量大。

现在很多有钱人连开车撞死人都觉得无所谓。为什么？就因为他们有钱，他们觉得没有钱摆不平的事。他们连最基本的人性都没有了，认为钱是万能的，中了钱的毒。

我经常说："朋友们，我们千万不要穷得只剩下钱啊。穷得只剩下钱很可怜，真的很可怜。"

我们挣钱的目的无非就3种：

第一，有一个幸福美满的家庭，父母身体健康，夫妻和睦，孩子聪明。你挣钱给他们花会很快乐，这样才没有失去挣钱的意义。

第二，多结交良师益友。良师可以教导我们为人处世，让我们懂得知恩报恩；益友，提醒我们不做违法乱纪的事情，让我们诚信对人，包容慈悲，提高我们的德行、修养和人格魅力。

第三，子女得以成才。家庭越是富裕，越应该严格教育子女，使他们树立正确的世界观、人生观、价值观，将来成为对社会有用的人。

这些才是我们挣钱的目的。可是现在人挣钱干什么呀？反而搞得家庭不和睦了。现在的有些人有钱以后首先就是换老婆、养小蜜。有钱以后就看不上和自己同甘共苦的结发妻了，埋怨老婆又老又丑，还数落父母、亲友。因为他觉得自己有钱了，很了不起了，所以摆出一副高高在上的姿态，开始埋怨父母什么条件都没给自己创造，自己如何能干，等等。

有钱以后第二个目的本应是结交良师益友。可现在有些人却结交一帮酒肉朋友，天天吃喝玩乐。有钱以后就当老大，到处给人买单。那些狐朋狗友一看，这个人身上这个血还值点儿钱，就要把他吸干。一旦"老大"没钱了，那些酒肉朋友就消失得无影无踪了。真正落难的时候只有家人会对你不离不弃。

有钱以后第三个不好的现象是把孩子害了。为什么这么说呢，因为有些父母有钱后不懂怎样教育孩子，只会拿金钱来满足孩子。这种家庭教育出来的孩子只知道攀比，眼里也只有钱，没有父母。这些孩子长大后，只会败光家产，甚至还会为了钱去杀害父母。

当然，现在不仅仅是很多有钱的人不会教育孩子，很多没钱的也不会，我们都中了钱的毒。

如果我们能做到"财物轻"，将钱财、名利看得很薄，那我们的怨恨心就无从生起，我们就会生活得很有智慧，我们的情感层面就会很圆满，生活自然比别人幸福。

其实，追名逐利的人生很苦，为什么？有钱没有智慧、没有德行是自取灭亡。

我们人在世间，一定要活出人性的慈悲和德行，要对别人奉献出我们的爱，要多说一些吉祥的话，不要总说一些尖酸刻薄的言语。当你在谈论父母过失的时候，你的孝心就已经消失了。现在很多子女对父母都是抱怨，夸父母的人太少了。

增长智慧最好的方法是什么？

接下来讲"言语忍，忿自泯"。言语能够包容忍让，多说好话，不说坏话，忍住气话，这样就能减少不必要的冲突，怨恨的事情也就自然消失不生了。

言语为福祸之门，一切法得成于忍。我们如果能让自己的嘴句句生花，说出的都是吉祥的言语，而不是尖酸刻薄的言语，就可以避免很多祸患。要是能从言语上忍让，怨恨和愤怒的情绪也自然会消掉。

当你怨恨你丈夫的时候，当你怨恨你妻子的时候，你可以把他想象成你敬畏的某个人。你再想想，你敢不敢对他发火？这么一想，肯定不敢，那这个火就止掉了。为什么不敢？因为我们内心有畏惧感。

那我们对亲人为什么可以说出尖酸刻薄的话呢？因为亲人对我们好，我们反而没有敬畏感，没有感恩心。我们太爱自己，自私自利，我们的眼中只有自己的利益，而没有亲人的恩情。所以说病从口入，祸从口出，嘴可积福，也可招祸。

我们现在的人很少能做到"言语忍，忿自泯"。很多没有遇到过波折的人，不知道人生其实是充满酸甜苦辣的。我常说要想增长智慧，最好的方法是：第一，栽跟头；第二，栽大跟头；第三，栽更大的跟头。栽完跟头之后你就明白了。

跟头栽多了，我们的脾气就自然消磨掉了。能控制自己情绪的人才能控制未来。我们在人生中会遇到很多波折，关键在于能不能控制自己的情绪，脾气是人生最大的障碍之一。

好的习惯，从谦虚礼让开始

下面讲"或饮食，或坐走，长者先，幼者后"。

良好的生活习惯要从小培养，无论用餐、就座或行走都应该谦虚礼让、长幼有序，让年长者优先、年幼者在后。

做父母的要以身作则，从小教育孩子，让孩子养成正确的习惯，因为一言一行都能体现出一个人的修养德行。

昨天有个朋友对我说，他心里孝顺就行了，心里有慈悲心就行了。我就跟他说，那你也不用真的吃饭了，心里想想就行了，你看看10天不吃饭是不是能把你饿死。

我们做任何事情，不光要心里认识到，更重要的是言语、行为上也要体现出来，做到身体力行，这才叫言行一致。

比如吃饭时，我们一定要先让父母坐下，等父母先动筷子，我们再动，这样才不失为人子女。可是现在我们很少看到这样的景象了。我去过很多朋友家，看到的大多是父母疼爱儿女，很少看到儿女孝敬父母。

我们要反省一下自己，我们是不是爱孩子爱得如对皇帝一般，对父母却像对乞丐一样。我们在生活细节上面是否能真正落实"或饮食，或坐走，长者先，幼者后"？我们自己有没有形成这种意识？这个很重要。

我在家里每次买完东西以后，就对儿子说："这些是买给爷爷奶奶的。"于是孩子每次都主动把东西给爷爷奶奶送去，还会说："妈妈没有，爸爸没有。"他还会主动地拿些东西来给我们。

我们在生活中的一点一滴，都会影响到孩子。我们一定要去感化别人，不要去教育。你教育别人会使对方很烦恼、很痛苦，而感化是通过我们自身的言行，让别人从心里意识到要改正，要向善。

现在每次看到我妈在厨房里做好饭，我都要主动去把饭菜端出来，要不然会觉得很惭愧。以前我妈给我端菜端饭，我也觉得很正常，我是她儿子嘛。可现在学了《弟子规》我才明白这其实不正常，我们把许多原有的为人子女的礼节都忘掉了，还认为父母为我们付出都是应当的。

希望我们各位朋友、各位学友，家里有老人的话，有任何好吃的东西一定要先给老人吃。现在好多人家里有了好吃的都是先让自己的子女吃，却不是先孝敬父母。

只要能把《弟子规》上的几句话落实到位，我们的人格魅力就足以去感召别人向你学习了，哪用你去劝人家啊？圣人是做到以后才说出来；贤人是说出来以后马上就能改正去做到。可我们现在的人光说不做，这叫骗人。

　　我们表面看着好像是在骗别人，实际是在骗自己。我们任何一个小小的举动，都可能会使别人看低我们。别认为吃饭、走路这些都是小事，我们就可以不注重"长者先，幼者后"。我们恭敬父母的态度就是体现在这每一个细节，每一件小事中的。

　　我们不能要求别人，只能先要求自己。每一个人都以身作则，就会感染自己的周邻四舍。

　　"或饮食，或坐走，长者先，幼者后"，希望我们大家真正把这个落实在自己父母面前。

人生以服务为目的，而非夺取

　　我们看这一段，"长呼人，即代叫，人不在，己即到"。长辈有事呼唤人，应代为传唤。如果那个人不在，自己应该主动去询问是什么事，可以帮忙就帮忙，不能帮忙时则代为转告。孙中山说过："人生以服务为目的，不以夺取为目的。"大家都知道助人为快乐之本这句话，从小老师就教育我们要乐于助人，这是我们每个人都应该做的事情。

这里给大家讲一个"杜环代人养母"的故事。杜环是明朝的一名官员，他父亲有一位朋友去世了，家里剩下老母亲无人照顾，而这位母亲的小儿子也不知下落。老人家只好去找自己的亲戚，结果谁也不愿照顾她。万般无奈，这位母亲只好到处寻找小儿子。

杜环得知此事，决定先赡养这位老妇人，并代老妇人寻找儿子的下落。后来，老妇人的儿子虽然找到了，但他匆匆见了母亲一面，就找借口离开再也没有露面。杜环则一直赡养着老妇人，对她很孝敬，就像对自己的母亲一样。

杜环对别人的母亲都如此孝顺，我们能做到吗？我们现在别说对其他老人了，就是对自己的父母能真正尽孝的人都很少了。家里只有一个孩子的还好，那赡养父母的责任自然落在这一个孩子的身上。那些子女多的老人反而因为子女互相推诿责任而得不到赡养。

父母当初对我们就和我们现在对孩子一样，尽心尽力，毫无怨言。可我们能像父母对我们那样来回报父母吗？我们为了让孩子吃得有营养，变着花样给孩子做各种吃的。可我们对父母，是否能有如此的耐心呢？父母对我们总是在付出，可我们对父母除了索取就是让他们伤心。

因此，我们至少要对老人恭敬。当父母、长辈有事叫我们的时候，我们都要尽量地去给予帮助，实在帮不了的话，也要找别人来落实父母的要求。

此外，接电话在我们平时的工作生活中也是一门艺术。接电话时要没有分别心，不能对领导很恭敬，对家里人态度差。我们无论对谁，都要很恭敬、很客气，让每一个听见我们讲话的人都觉得心里很舒畅。

另外，我们在接电话时，还应该在电话旁边准备一些物品，如电话号码簿、笔记本和笔，不要总是在需要的时候才告诉对方"请等等"，这样是不礼貌的；其次，无论在哪里接电话，都要仪态文雅、庄严，电话应轻拿轻放，通话时不要拿腔拿调，应该声调适中，语气柔和沉稳；在通话时，一定要长者先放下电话，你才能放下电话。

我们在给别人打电话的时候也一定要考虑对方现在会不会很忙，尽量不要占用别人太长时间，打扰别人的正常生活。有很多朋友很热情，给我一打电话就说很长时间，一个多小时都不挂电话，不停地问我各种问题。虽然我还是会很耐心地给他解答，但他是不是也应该换位思考，为我考虑考虑呢？想想会不会影响我休息啊，会不会打扰我家里人，等等。

在长辈和朋友面前，要藏拙

接下来讲"称尊长，勿呼名，对尊长，勿见能"。称呼长辈，不可以直呼姓名；在长辈面前，要谦虚有礼，不可以炫耀自己的才能。

现在有很多人对长辈都是直呼姓名，或者把孩子的名字加在里面，如叫"东东爸爸""东东叔叔"等，这样也不够尊敬。我觉得四川人做得就特别好，如把自己的父亲叫爸爸，把自己的叔叔叫作"小爹爹"或者"小爸爸"，这样就非常恭敬。我们对长辈不光是不能直呼名字，还要"柔吾声"，用非常恭敬、谦和的声音去说。

"对尊长，勿见能"，就是不要在长辈面前夸耀自己很能干，不要认为自己比长辈更有能力，不要认为长辈不如自己。我们不光在对长辈说话时要恭敬，要顾及长辈的情绪，就是朋友之间聊天，也同样要顾及对方的感受。我们不应该在别人面前显摆自己，揭别人短处。即使我们真的很优秀，也一定要谦卑，说话的时候要顾及别人的感受和想法。

古圣先贤从来都不夸赞自己。可现在人做点儿善事恨不得天天被人夸。好多人见到我以后就跟我说：秦老师，我捐赠过多少多少的印书款，如何如何。我听完以后，笑笑而已。你捐赠就捐赠了，还非要故意跑到我面前说，那么执着。其实，捐多捐少都一样，有钱出钱，没钱出力，没力出嘴，工作都一样。

"对尊长，勿见能"，不仅指对所有长辈，还有在朋友面前也不应该逞能，说话的方式一定要恰到好处。我们要明白，你的一个行为代表了父母的言行，代表了家庭的教育，代表了家庭的风气。

春秋时期，齐国的相国晏婴有位车夫。有一次车夫回家后，妻子表示坚决要离开他。车夫很吃惊，忙问为什么。妻子说："你看晏婴虽然身为相国，名扬天下，可是今天我见到晏婴坐在车上，样子安然，态度谦恭。再看你相貌堂堂的男子汉，只是一个车夫，却摆出一副不可一世的样子。相国都那么谦恭，你又有什么值得炫耀的呢？难道只是因为给相国驾车吗？"听完妻子的批评，车夫很惭愧，从此变得谦虚了。

古语讲得好：骄勇逞强必跌跤，虚怀若谷谦受益。所以我总说要落实《弟子规》，永远当老二，不要当老大，把老大让给别人。如果永远把自己当老二看，你就会尊敬、恭敬老大，这样你就没敌人、没仇人了。

骄勇逞强必跌跤，我们为什么不能做到虚怀若谷呢？我们在做任何事情的时候，都要尽量地低调处世，我们对人和事一定要做到仁慈、博爱和宽容。我们在做事情的时候，一定要想到对方的感受，绝不应只考虑自己。

　　如果我们有一颗高傲的心，那它就会把我们害死。因为有很多本来想和我们亲近的人，在看到、听到了你高傲的心态和言辞后，就绝对不会选择和你做朋友了。如果我们的朋友越来越少，会让我们在社会中的路越走越窄。

　　我们要当一个孝子，孝子应该养父母之身，养父母之心，养父母之志，养父母之精神。要当好学生，尊师重道；要当一个好公民，遵纪守法，热爱祖国；要当一切圣人的学生，把圣贤所讲的慈悲去落实。

　　"傲不可长，欲不可纵，乐不可极，志不可满。"古人曰："欲不除，如蛾扑灯，焚身乃止。"我们要用圣贤的教诲长期熏陶自己，这样不仅是我们，就连孩子也会慢慢提高德行和修养。

　　希望我们学习《弟子规》以后，能够越来越谦卑，不论你是哪种身份，不论你有钱没钱，我们都要用一颗仁慈不变的心，面对所有攻击你的人、赞美你的人、尊敬你的人，当你永远用一种不变的心态去面对各种境遇时，你的人生才会越来越圆满。

礼仪在社交中必不可少

　　我们来看下面"路遇长，疾趋揖，长无言，退恭立，骑下马，乘下车，过犹待，百步余"。意思是路上遇见长辈，应上前问好；长辈没有事时，应恭敬退后站立一旁，等待长辈离去；不论骑马或乘车，路上遇见长辈均应下马或下车问候，并等到长者离去稍远，约百步之后，才可以离开。

我先讲个故事。子路是孔子的学生，学识渊博，并以懂礼貌著称。有一天，孔子走过庭院，要到门外去，恰好子路在庭院里读书。子路看到老师，立刻放下手中的书，对老师行礼。那时的礼是要鞠躬的，可孔子并没有看到他，而是看到了庭院里的樱花，并且停下了脚步开始欣赏樱花。因为老师没有回礼，所以子路就鞠身一直站着，直到孔子看到他，那时他的身体已经酸麻得失去了知觉。孔子称赞他说："子路真是一个懂礼貌的好孩子、好学生。"

我们现在的孩子为什么不好教育？就是因为老师提心吊胆，怕对孩子稍微说重点儿，就会被家长找麻烦。

我们在尊师重教上做得很不到位。各位学友，我们把孩子交给老师的时候，应该怎么办？应该和老师合作，共同把孩子教育好，而不是给孩子做后盾。有的家长总跟孩子说："不要怕老师，他如果敢欺负你，我就收拾他。"这其实是在助长孩子和老师对着干，不尊重老师就是在害自己的孩子。我们不懂，还以为是对孩子好。我们一定要教育孩子尊老爱幼，尊师重教，这个很重要。

我们现在虽然不能做到像子路一样恭敬有礼，但生活中有些细节也应该注意。比如我们下班或放学回家，一定要给父母泡杯茶，陪父母坐 10 分钟，这样会让父母感到心情很愉快。这时，如果父母想和你交流，正好可以陪父母聊聊天；如果父母无话，那我们跟父母交代一下，说如果没有事情就回房间了，这就叫"长无言，退恭立"。

现在很多人内心空虚，没有真本事，但还很傲慢，对长者的话听不进去，更不会恭敬地向长者请教生活中遇到的问题，这样无形当中就给自己的德行造成了很大的损失。孔子说过："不学礼，无以立。"礼仪是一个人立足社会、成就事业、获得美好人生的基础。在人类迈进 21 世纪的今天，礼仪更是一个国家发展或民族进步不可或缺的。今天我们要做社会的文明人，就必须学习讲究礼仪。

现在的很多人不讲究礼仪。我回农村的时候就看到一个现象，过年的时候大人都会领着孩子去给爷爷奶奶拜年，让孩子给爷爷奶奶鞠个躬，跟孩子说："赶紧跟爷爷奶奶要压岁钱啊。"要是老人给少了，父母还会说："就给这么点儿，好像不是亲孙子似的。"你看，从小给孩子灌输的都是这种思想，不是教给孩子真正地尊敬老人、孝敬老人，而是教给孩子只认钱、不认情。

我常说："当我们穷得只剩下钱的时候，我们是很可怜的。"有钱没有智慧的话，钱反而会成为我们的障碍。我就遇到很多有钱人，最后都被儿女送进了敬老院，因为儿女从他们这里学会的就是眼里只有钱，根本不懂要孝敬父母。

希望我们以后不要有这种心理，在过年的时候，父母过生日的时候，都要去给老人拜贺，并且真心感谢父母长辈对我们的教导。

下面讲的是"长者立，幼勿坐，长者坐，命乃坐"。在我们的生活过程中，要真正有一个尊老爱幼的心态和行为。与长辈同处，长辈站立时，晚辈应该陪着站立，长辈坐定以后，吩咐晚辈坐下晚辈才可以坐。

我们很多人认为礼仪是一件小事情，这个想法就错了。我们在生活中的一点一滴，都可以决定一个人的人格魅力。要是碰到一个有礼貌、做事情有分寸的人，我们都愿意和他来往。所以这个细节能体现我们中国人的优良传统——尊老爱幼。

当一个人对你父母都很尊敬，绝对对你也很尊敬。当一个人在你面前说他看不起你父母，那和抽你嘴巴一样。所以《弟子规》讲"长者立，幼勿坐，长者坐，命乃坐"，这只是给我们提示，我们在生活中让座位的时候，要让老人家先坐。一个礼节性的细节问题，久而久之就会变成生活习惯，我们在人生道路上才会越来越圆满。

孔老夫子讲"三人行，必有我师"。我天天看到谁都是我老师，为什么呀？因为我们每一个人都有优点。乞丐也有优点，他弯腰的程度就比我们强，他趴在那儿说："你给我打发点儿吧。"我们就不行，我们搁不下这个面子。我们在生活中不争强好胜，才有谦虚、退让的心态，才能善保己身。我们很多人光能站起来蹲不下，要不就蹲下站不起来，所以人生才做不成大事，家庭关系也处理不好。

另外，在见面礼节上，我们以前是鞠躬，现在多是握手。握手应该注意几点：眼睛看着对方，注意握手的力度，不要太轻，也不要过重。太轻了人家说你对他不重视，要是个女士，你太重了人家心里会不舒服，度要掌握好。

我们学《弟子规》提倡什么呀？鞠躬礼，尤其是当自己的手脏，或对方手里拿东西不方便握手时，这时要通权达变，鞠躬是最佳的方式。有些学了《弟子规》的人，见我就是 90 度鞠躬，真的鞠得特别好。尤其现在传染病这么多，握手握多了也不好，所以改成鞠躬，双方都健康。

握手的顺序：第一长官，第二长辈，第三女士。这 3 种人要先伸手，你才能上去握手。介绍人的顺序，与握手顺序相反，先介绍小辈、下属。在名片递、接的方法上也要注意：要双手递过去，并且你的名字要正对着对方；接到名片时一定要记住对方姓名，然后恭恭敬敬收到皮夹里，不能失礼。

所以我在和朋友相处、交往的时候，连收破烂的都不会轻视。人家给我一张名片，说你们家以后有破烂给我打电话，我都双手接过来。小小的一个礼节，对方可以看到我们的心细程度，这是很关键的事情。

送客人，应该送到楼梯转弯处或送到楼下。一楼或平房要送到大门外，等听不到客人的脚步声后才能关门。绝对不能客人刚走出门，就"咣"的一声把门关上，这个是最没礼貌的。

我送客人的时候，都会送到楼梯口，看见客人离开视线了才关门，这是最基本的、最简单的方式。我这样做是受一个80多岁老人家的影响。老人家虽说住4楼，有电梯，每次我们去拜访老人家，走的时候他都会从4楼送我们到1楼，到大门口。我说这个老人家虽然没学《弟子规》，但比学《弟子规》的都落实得到位。

遭遇恶缘，是因为德行不够

现在人大多不懂礼仪，只懂利益。比如正谈着生意，一说有利益，你看那个假笑，皮笑肉不笑地就笑起来了。一说没什么利益，冬瓜脸立马就出来了。所以我经常说，最起码的礼节，我们不能不做好。我们不要把人性的缺失、贪婪的内心表露无遗。

我去友邦保险讲过一堂课，其中一个业务员就问我一个问题，他说："我为跑保险找了很多顾客，但顾客不买保险怎么办？"

我说："你可以列顾客为 3 种：第一，有钱人，现在就有经济能力，可以买你的保险；第二，发展中的人，这是后备力量，以后会买你的保险；再下一拨人呢？贫穷户，你和他也要处成朋友，对他的态度要和其他人一样，为什么呀？他的子女有可能买你的保险。你不能每见一个人都要他买保险，买了你就笑，不买你就吊脸，这就不对。你见了一个人，他如果没买，就让你知道了一些东西：第一，你的德行不够；第二，你口才不到位；第三，没有亮点吸引他买，那错在你不在他。我跟那个业务员说完以后，他不说话了。

现在的楼房都有电梯，送客人该怎么办？送到电梯口！送出门就把门关了，这是很失礼的。

等电梯，应该站在电梯门口的左、右两边等待，不应该站在正对门处。等地铁、公交车都是如此，为什么？因为，如果电梯出来的人很急，站在正对门你会被撞到；或者下电梯的人没有心理准备，忽然看见有人站在门口，双方心里都不舒服。因此我们一定要按照以上的礼节为人处世，别人见你后对你印象很好，对你的信任就自然而然地增长了。这样会使我们有很好的助缘，也会使我们在人生道路上一帆风顺。

我经常讲："你遇到一个同事对你不好，你在工作中老碰到同事或者领导找你麻烦，说心里话，错还在于你没德行、没修养。"

你为什么能遇到恶缘，在工作中老不顺利？错在自身，你的人格魅力、德行、修养不足，你才会遇恶缘。

为什么说傻人有傻福？

我们的志愿者讲国学，全部免费，自己贴车费、贴吃的，还要给人家做捐赠。志愿者去每个学校捐赠《弟子规》，还要救助七八个特困生，所以学校也欢迎。

久而久之，怀疑的人都会被志愿者们感动，会参加到这个活动中。感动人很重要，如果教育人，人家会很反感。我们只能要求自己，自己是金子般的人，何愁没有金子般的人生？

《弟子规》从哪些方面可以给我们带来实实在在的益处？孝敬老人、尊敬老人。为什么呀？老人的经验足，老人的生活阅历丰富，你有空和老人聊聊天，他们给你出的主意和建议会让你少走很多弯路。

我父亲很慈悲，每次出门的时候他就会说："你出去以后一定要抱着吃亏的态度，对人人都要好，别人对你不好没关系，你对他还要仁慈、还要博爱。"我就问他："为什么呀？人家不说我傻瓜吗？"父亲就跟我说："傻瓜最有福。"

为什么说傻瓜最有福呢？谁都愿意和傻瓜来往。你太聪明了，别人跟你来往都防着你；你太爱占便宜了，别人全跑了。我说我天天吃亏、天天吃亏，越吃越多，没想到还占了便宜。

可以做个试验，我抱吃亏的态度，你抱占便宜的态度，咱们去和人交往，看看结果如何。你交往了10个朋友，都抱着占便宜的态度，那可能有5个人说了："这个人太聪明了，我们不能和他来往了，为什么？你看咱们一相处，就吃亏，他就占便宜。"那这5个朋友走掉了。可能剩下的5个人就说了："这人连这点儿小便宜都爱占，能干成什么大事情啊？"他们也离你而去了。你交了10个朋友，是10条路没有通，条条都堵死了。

我交了10个朋友，你再看我抱吃亏的心态与人相处的结果。有5个人说："这人还挺实在，咱们还能和他来往。"可能还有5个人说："这人跟傻瓜一样，你看咱们一和他相处就能占便宜，那行，咱们和他多来往来往，多占点儿便宜。"

你看我这10条路，不管被占便宜也好、吃亏也好，你看它全通；你那10条路全堵死了，我这10条路是路路畅通，甚至还有5个人都愿意和我这傻瓜来往。和我这傻瓜来往没事，我俩挣 10 块，他挣 7 块、我挣 3 块也行啊，总比不挣好啊，你想想，是不是傻瓜有福啊。所以我们交朋友，吃亏是福。

所以我们在做任何事情时，一定要胸怀宽大，永远抱吃亏的态度，真正落实《弟子规》，让自己具备人格魅力。

和尊长沟通要合乎礼仪

我们再看这一段，"尊长前，声要低，低不闻，却非宜"。就是说和尊长交谈，声音要柔和适中，回答的音量太小了别人听不清楚。

我经常碰到有很多子女对父母的态度就不好，妈妈要说多了，子女就说："你老了还那么啰唆。"

我们大家不知道，对父母说话这种态度很折福气啊。为什么呀？口毒起来了，你怨恨母亲，憎恨心就起来了，这个憎恨心一起来，说出来的话、愚痴的行为就体现出来了。这一句话，贪嗔痴三毒全有了。

老人就是有天大的过错，作子女的，也只能用柔和的语言去和父母沟通，一定不能说："你老了，反正我有办法把你怎么怎么样。"

其实，我们每一个人都有可能像动物一样愚痴。但知道自己错了，就要认真改，要培养自己的仁德。你为人人，人人才能为你。有仁德，天必佑之。你看仁德的"仁"单人旁加一个二，二人同行，你不仅要照顾自己，你还要照顾他，这样才对。仁德从什么地方体现？从孝老、敬老上体现。

在人生道路上，该怎样修我们的口，修我们的心，修我们的行为？修口，让我们说出来的话人人爱听；修心，让我们心里没有嗔怒，没有发急的个性，没有生气的脾气；修行，会使我们主动给老人家让座位，主动给老人家端饭、拿筷子，主动去洗碗。

其实，有很多人往往不知道自己的声音很大，讲起话来许多人都要为之侧目。所以孩子在家里，做父母的要告诫他们，讲话也要注意音量的高低。家里有客人来，就是最好的观测机会，也是给他学习的机会。父母要跟孩子讲，你可以出来，接待一下客人。这时家长可以测试孩子的礼貌、应对的情形。如果父母从中发觉孩子有表现得不妥的地方，一定要当下就给他指导。但是不要造作、刻意，而是很自然地教育他、引导他。

"低不闻，却非宜"。如果孩子在长辈面前讲话很紧张、很小声，也是没有礼貌的。为什么呀？声音太小了，对方听不清楚。所以从小我们就要训练孩子讲话要落落大方，在他人面前行为自然、大方，养成良好的习惯，这样人生会更圆满。

我们接下来看这一句，"进必趋，退必迟，问起对，视勿移"。

这句的意思是，有事要到尊长面前，应快步向前，退回去时，必须稍慢一些，这样才合乎礼节；当长辈问话时，我们应当专注聆听，眼睛不可以东张西望，左顾右盼。

春秋时，孔子在鲁国做司寇，代理相国的职务，他对于君王非常尽礼。上朝时，和上大夫交谈，态度中正自然；和下大夫交谈，态度和乐轻松。进入国君的宫门时，低头弯腰，态度恭敬；快到国君面前时，小步快行，态度端谨。走进周公的庙里，每一件事情的礼仪都要向人询问，以免失礼。我们也要以孔子为榜样，每到一个新的环境，首先要询问此地的礼仪和规矩，决不能随心所欲，要做一个有德行、有修养的人。

孔老夫子重礼仪，他自己做得很好，影响了全世界。全世界经常在讲，孔圣人是闻名世界的圣人，所以世界上有很多孔子学院，他所说的仁、义、礼、智、信，是我们每一个人都该去学习和落实的。

其实，一个人的力量很大。我们在座的各位朋友，千万不要认为我就一个人，我不能怎么样。孔老夫子是一个人，比尔·盖茨也是一个人，但他们却影响了全世界。个人力量的大小，在于我们自身德行修养的多少，所以落实《弟子规》很关键。

"事诸父，如事父，事诸兄，如事兄"。对待叔叔、伯伯等尊长，要如同对待自己的父亲一般孝顺恭敬；对待同族的堂兄堂姐，要如同对待自己的哥哥姐姐一样友爱尊敬。

现在的人能做到这一点吗？很少。我们对待叔叔伯伯和对自己父亲的态度完全不一样。要知道，我们来自一个根本，我们的心胸能不能更大一些？

什么叫父债子还？父亲没有能力赡养自己的父母，那孙子有能力，孙子把父亲和爷爷奶奶同样养着，难道只养父亲，不养爷爷奶奶？没有爷爷奶奶哪有父亲？没有父亲哪有我？

我们要明白"根本"的道理，所以对待叔叔伯伯，我们也要同样尊敬，去关心他们，去照顾他们，这是我们该做的事情。包括我们对表兄妹、堂兄妹都要多关心、多照顾。我们可以救急，但穷救不了，那就要多照顾。这样可以让我们的家族更和谐。

第三讲

谨

朝起早，夜眠迟，老易至，惜此时。

晨必盥，兼漱口，便溺回，辄净手。

冠必正，纽必结，袜与履，俱紧切。

置冠服，有定位，勿乱顿，致污秽。

衣贵洁，不贵华，上循分，下称家。

对饮食，勿拣择，食适可，勿过则。

年方少，勿饮酒，饮酒醉，最为丑。

步从容，立端正，揖深圆，拜恭敬。

勿践阈，勿跛倚，勿箕踞，勿摇髀。

缓揭帘，勿有声，宽转弯，勿触棱。

执虚器，如执盈，入虚室，如有人。

事勿忙，忙多错，勿畏难，勿轻略。

斗闹场，绝勿近，邪僻事，绝勿问。

将入门，问孰存，将上堂，声必扬。

人问谁，对以名，吾与我，不分明。

用人物，须明求，倘不问，即为偷。

借人物，及时还，后有急，借不难。

一两黄金换一小时，你换不换？

下面我们来看第三篇"谨"。

"朝起早，夜眠迟，老易至，惜此时"。这句是说早上要早起，晚上要迟睡，把握光阴及时努力，岁月不等人，青春要珍惜。不过若经常晚睡甚至熬夜，对身体健康也不好，还影响白天正常工作，这也是不对的事情，少壮不努力，老大徒伤悲。

现在很多人确实能做到"朝起早，夜眠迟"，为什么呀？打游戏、上网呢，一上网通宵，比"夜眠迟"还厉害。朝起早干什么呀？也不是什么正事，往往是去赶场打麻将，很多人一天不打心里慌。

实际上，我们要做到"朝起早"去朗诵课文，做一些有意义的事情。因为早晨是头脑最清醒的时候，我们不能浪费掉。有时候，我就给朋友提建议，坐在公交车上，背背《弟子规》多好啊，口才也锻炼了，脑子也锻炼了，心性也锻炼了，这都是好事情。晚上我们不要睡得太早了，得抓紧时间学习。

曾国藩先生曾经说过，看一个家族是兴是衰，可以从3方面来看：第一，他的后代子孙睡到几点。如果起来很晚，就会很懒散，就不会勤劳，就不会珍惜别人的劳动付出，就不知道感恩；第二，后代子孙有没有帮忙做家务，有没有勤奋；第三，后代子孙有没有读圣贤书籍。

古人云："一寸光阴一寸金，寸金难买寸光阴。"一个小时过去了，我拿一两黄金换，换不回来。因为时间实在很宝贵。今天的事情我们一定要今天做，落实当下该落实的事情。可是我们现在不行，今天该做的不做，拖到明天；后天该做的不做，拖到大后天，无异于慢性自杀。

生活习惯体现你的修养

我们接着讲"晨必盥，兼漱口，便溺回，辄净手"。先说早晨起床后务必洗脸。在交往中，第一印象特别重要，有的人看着特别精神，特别容易让人有想和他亲近聊天的感觉。

相貌、精神和表情是人际接触中非常重要的因素。有一种功能只有人有，就是笑。笑是一个可以广结善缘、拉近距离的特殊手段，可是我们不会用，现在的人经常是苦瓜脸，笑得不自在不快乐，甚至笑的时候比哭还难看。那别人见你假笑的脸和愁眉苦脸肯定不愿意和你多聊，导致我们在人生道路上处处受挫。所以从形式上来说我们该常洗脸，从实际上来说，笑是我们该落实到每一天每一刻的事情。

"兼漱口"说的是刷牙漱口使精神清爽，可以去除睡一晚上导致的口腔异味。我有很多朋友在五星级酒店当经理，他们有一个规章制度，所有的客房服务人员不许吃几种东西，分别是蒜、韭菜、洋葱，和佛经上讲的戒一样。朋友告诉我，第一，吃"荤"容易刺激荷尔蒙的分泌，服务员一旦吃完以后很难有自控能力，人容易冲动。如果旅客在住宿的时候，把服务员说两句，服务员一冲动就麻烦了。第二，凡是吃"荤"的人来上班以后都有口臭现象，接待宾客的时候显得不礼貌，所以不让吃蒜、韭菜等有异味的东西。

因此，刷牙漱口是非常重要的一个细节，成败就在细节上，小小蚁穴可毁千里大坝，我们哪敢掉以轻心。

我们早晨起来的时候要梳洗整齐，对身体很有好处，也是爱护自己爱护家人的一个体现。

每天早晚必须用牙膏各刷一次牙。牙齿不好，不但影响身体健康，而且还不知道要花多少钱来护理。

刷牙对客人也是礼貌的表现。现在有的人有口臭，因为常常吃夜宵。半夜把食物吃到肚子里，没过一两个小时就睡觉。在睡觉的时候人身上只有两个器官在工作，一个是肺，另一个是心脏。胃处于一种休息的状态，如果睡前吃了东西，它们就会在胃里面变稠，容易导致口臭。

我们生病无非来自两个方面，第一是情绪波动，75%的疾病来自情绪波动，25%的疾病来自饮食不调和生活习惯不好。

我们却错误地认为生病就是缺药，这边大口大口地吃肉，那边天天吃药，苦啊，把自己的身体当成垃圾桶、试验品，这个多可怕。

"便溺回，辄净手"。大小便后一定要洗手，养成良好的卫生习惯。病从口入，洗手很重要，因为吃任何东西都是用手往嘴里递。希望我们在家庭的小环境中能落实这一习惯，给孩子传递一个好的思想。

什么叫大善大恶？这些生活细节就是大善大恶，千万不能轻视。我们要做一个讲卫生有修养的文明人，养成良好的生活习惯。

我们看下一段"冠必正，纽必结，袜与履，俱紧切"。我们要注重服装仪容的整齐清洁，戴帽子要戴端正，衣服扣子要扣好，袜子穿平整，鞋带应系紧，否则容易被绊倒，一切穿着以稳重端庄为宜。

夏天来了以后，女士出门不要穿得袒胸露背，否则，容易让人起邪念，给自己惹麻烦。

我经常讲：现在女士很可怜，受了很多伤害，与衣服前露后露有关。你看过去穿的唐装或者旗袍这一类，后面领很高，正好把颈椎这一块都护住了。现在的人不懂，立夏以后，我们人全身骨节开缝，穿得太露，邪风就会侵入。到立秋以后，骨缝渐渐闭合，就会把这些寒气闭在里头。所以，立夏以后，我们最好少吹风扇空调。

现在很多妇女得病，吃药没有效果，为什么？受风寒伤了气血。很多女士各种怪病都与穿着暴露有关，因为脖子这一块和颈椎这一块是全身所有大动脉、大血管都要经过的，它是一个总开关，你不保护好，就容易生病。

现在很多人为什么说肠胃寒，这儿寒，那儿寒，寒气重还生虚火，为什么？身体弱，就有这种疾病发生。不会穿衣服，也不知道什么时候该吹空调，什么时候不该吹。有很多人夏天来了，吃冰激凌，恨不得把自己冻在冰箱里头，这些对身体都是一种刺激伤害。

希望我们一定要注意，饮食、穿着一定要适当、得体。

"冠必正，纽必结"，当我们的行为举止很庄严很端庄的时候，别人自然就会尊重你，为什么？因为服饰会提升我们的这种正念、善念和仁德。而且，我们的言行举止和穿着一定要适合场所和见面对象。如果今天是要去见一个家里刚去世的老人或者亲人的家庭，那我们就要穿得素朴一些，如果穿大红大紫，对方看到就会不舒服，也显得你自己很浮华、很失体。

外国人就很重视着装，他们出门谈事情穿的一定是正装，再热都是正装，因为比较正式，可是我们就不太在意，结果容易让别人轻视。

"冠必正，纽必结"是形体威仪。口头威仪就是说好话，不吐垃圾，不传是非，不挑是非。

要知道，眼睛的德就是慈眉善目，嘴巴的德就是说好话，耳朵的德就是听圣贤教诲。

我们每一个人一定要提升自己，要做到形象庄严，言语庄严，神情庄严。让我们的身、口、意处处透露出德行威仪慈悲的气息。

"置冠服，有定位，勿乱顿，致污秽"。回家后衣帽鞋袜都要放置定位，避免造成脏乱，到用的时候又要找半天。大处着眼，小处着手，养成良好的生活习惯是成功的一半。

我们不要总认为自己这也做不到，那也改不了。问题是，我们想不想做？想不想改？很多人跟我说："秦老师，我这个人脾气很大，要怎么样才能改？"我说："你只要不想发脾气就不会发。"他说好像控制不住。我就说："打比方说，主席现在给你下一道命令，从今以后你再发脾气就枪毙你，你还敢不敢发？"他想了想说："好像真的不敢。"我说："那就行了，不是改不了，是想不想改的问题。"

所以要给自己压力，也要给自己动力，这样才能找到成功的方法。我们要为成功找方法，不要为失败、恶习找借口。没有改不了的过错，没有教育不好的孩子，只有你不想改，只有你不想去落实。

好的生活习惯会让我们的人生灿灿发光，坏的生活习惯会让事业前途遭受不测，所以我们要教育孩子从小就知道管理自己的物品，培养出越来越好的生活习惯。

德行是世上最美丽的外衣

"衣贵洁，不贵华，上循分，下称家"就是说我们人在生活过程中，衣服贵在洁净，不贵在华丽，穿着应该考虑自己的身份及场合。"循分"是按照你的年龄，按照你的职业穿着，不能穿得不得体。你是长辈应该怎么穿，是晚辈应该怎么穿，都有规矩。更要衡量家中的经济状况。你家里如果很穷，你还穿得很奢侈，别人会说这个孩子没有孝心，不体贴父母，糟蹋钱。

穿名牌有贵气吗？不见得。当我们的言语行为所表现出来的修养与华贵的衣服不相符时，容易遭人嘲笑。

很多朋友就说，你看那人虽然穿的是名牌，却是土财主一个。为什么？没有文化，也没有修养，就是一个暴发户而已，他能不能得到别人的尊敬呢？不能。真正要得到别人对你的尊敬与穿名牌没有关系，与钱财也没关系，与我们的德行修养有关系。

实际上，我们在家里的穿着对子女也有一种教育作用。父母穿得不得体，儿女会觉得父母很邋遢。家庭妇女应该特别注意，如果母亲在家里穿着随便，头发随便一梳或者绑一下，这样的仪容打扮会让子女心中觉得妈妈不好看，亲近和尊敬心会大打折扣。

"下称家"就是要衡量家中的经济状况。你现在虽说富了，父母还在穷，兄弟姐妹还在穷，怎么办？多帮助帮助。

有人认为身材好很美，有人认为穿漂亮衣服很美，有人认为脸蛋好看就很美，所以我们花了很多钱在脸上，但这个脸哪是你的脸？你只有使用权没有所有权。你要说这个脸是你的，你能保证它年年18岁不长皱纹？保证不了。你买几千元、上万元的化妆品抹来抹去，照样长皱纹，照样长黑点，照样起雀斑，照样会衰老，我们没有办法控制它。真正的美在什么地方呢？在德行，在人格魅力，这种美会让别人赞叹。我们现在很多人为了买一套贵的化妆品、一件贵的衣服，让自己活在虚荣心里，活在别人的眼光中。那真是苦不堪言，为什么？因为我们现在的人天天为别人活，从来都不为自己活。我们经常生活在别人的眼光里、别人的言行里，多痛苦。我现在才明白一个词——行尸走肉，过去不懂现在明白了，原来是行走的尸体自己没有主见，把快乐建立在别人的言行举止中，把生活的标准建立在别人的赞叹和恭维中，没有自己。

现在很多人都走偏了。学历不代表能力，名牌不代表修养，开奔驰宝马的不见得修养高。我有个朋友，一年抽烟大概能抽去 20 多万元。既浪费钱还污染环境，如果把这 20 万拿来做慈善可以做很多事情。

什么才是真正的美？真正能让人生充实的、内在的美就是德行。德行从什么地方体现？第一，孝敬父母，第二，奉侍师长，第三，慈心不杀。孝养父母是知恩报恩的表现，尊敬老师是你在社会中恭敬人、恭敬事物的表现，慈心不杀是顺应天时地利的表现。

其实，德行才是世上最美丽的外衣。我们误以为几十万元的衣服穿在身上了不得，其实把自己的本善丢掉了。

我们执着什么？执着外人的言辞，执着别人对我们的评价，太可怜了。人生要追求真实，不要追求虚妄，虚妄的东西没有价值。其实穿衣服真正的目的是端庄得体，是起保暖的作用。我们应该抓住穿衣服的本质，不要去追求虚妄和虚荣。

吃饭喝酒都要适量

"对饮食，勿拣择，食适可，勿过则"。这一块讲什么？日常饮食要注意营养均衡，多吃蔬菜水果，不要挑食，不可以偏食，三餐常吃八分饱，避免过量，以免增加身体负担，危害健康。

古希腊哲学家及数学家毕达哥拉斯说："我的朋友们，不要为了罪恶的食物玷污了你们的身体。有玉米，有从树上垂下来的水果，还有葡萄园里的葡萄供我们食用，更有甘美的食用植物和蔬菜，大地供给了我们许多无罪的丰盛食物，也供给了人类不用杀戮即可获得的大餐。"

伟大的物理学家爱因斯坦说："我认为素食所产生的性情上的改变和净化，对人类都有相当好的利益，所以素食对人类很吉祥。"

这里讲到让我们多吃蔬菜水果一类的东西，少吃一些肉类。我们不多说了，牛奶里头出现三聚氰胺，到最后鸡蛋里头也出现了。我们现在去超市买的柴鸡蛋，说心里话，都不是柴鸡蛋。

我们看一下古人是怎样养生的？嵇康是魏晋时期的文学家、思想家，他一生崇尚老庄学说，生活上清净无为，特别注意养生。他曾经写过一篇文章叫《养生论》。

这篇文章讲述了人要有正确的生活态度，注意养生才可以达到健康长寿的目的。他在书中还特别提到在饮食上要有节制，如果饮食不节制，就会生百病。这些养生常识对我们今天的保健仍具有借鉴意义。

随着科学的发展，科学家对养生的研究有了新的进展，认为素食包含了我们人体所需的多数营养。吃素食可以提高智慧，吃素食可以健康长寿。

《大戴礼记》云："食肉勇敢而悍，食谷智慧而巧。"素食可提高智慧之说，见于我国古代典籍。这种说法对年轻的知识分子非常重要，可惜后来提倡素食的人多数是从因果业报、戒杀互生立论，让人们联想到了佛教，让很多人反感，认为那是迷信。很少有人去研究"素食者智"之原理。

近年日本国立公众卫生院平山雄博士，以学术研究的眼光发现：素食者嗜欲淡，肉食者嗜欲浓；素食者神志清，肉食者神志浊；素食者脑力敏捷，肉食者神经迟钝。这与我国古人素食多智之说不谋而合。

现代医学家在不断研究考证中，发现素食可以提高智慧与判断力。大脑生理证明，人的头脑活动是由脑细胞内正反两种力量交互作用、在人的大脑中不断地冲击以形成人们通常所谓的思考，冲击到最后总有一方面的作用获得胜利，这就是我们通常所说的决定。

但要使大脑细胞能够充分发挥其正反两种作用，就必须补充给大脑细胞所必需的营养，这种养分主要为谷氨酸、维生素 B 及氧等。而食物中只有完整谷类及豆类含谷氨酸、各种维生素 B 最丰富，肉类次之。

因此青年学生不可以不知道营养常识和素食的意义。我们每一个人都希望自己是这个世界上最有智慧的人，尤其是做学生的，总希望一目十行，过目不忘。为了想要获得更多智慧，不少人就急着补脑、补身体。

中国人自古相传一个观念：认为人体虚弱借助肉补，又认为吃肝补肝，吃脑补脑。从前因为科学不发达，不知道猪羊的脑中含有胆固醇，在吃脑补脑等错误健康观念的指导下，部分富家子弟变得呆头呆脑，反而不及"咬得菜根香"的贫寒子弟聪明。

我碰到的富人家庭，不少孩子就考不上学。特别穷、一年过节都吃不上肉的家庭，孩子考试都是前几名，这样的例子很多。

社会上常听到一些鼓励清寒子弟的谚语，"将相本无种，男儿当自强""咬得菜根香，方是奇男子"。所以说，素食从科学理论上讲的确是非常值得我们去落实的。

进一步说，素食可以使人健康长寿。素食无毒，肉有毒，肉是酸性食物，而人体环境是弱碱性，酸碱相冲不利健康。

素食大多是出自地上或水中生长的蔬菜、大豆、花生、果品及海产，既富营养又没毒素，这类食物可以使血液保持碱性，医学上称为碱性食物。而且，素食人血液清、循环快，会使人体清爽，精力充沛，思维敏捷而且长寿。

我最近看到一个公益广告，在很多公交车站都有，说"没有买卖就没有杀害"，是保护鲨鱼的。人为了吃点儿鱼翅，把鲨鱼的鳍一割就扔在海里，没了鳍的鲨鱼不能游，流血过多就死了。还有一些公益片，是保护野生动物的。我看到这些广告以后感到特别欣慰。

所以我们在饮食上面劝大家还是以清淡素食为主，这样我们的人生才能健康快乐。

"年方少，勿饮酒，饮酒醉，最为丑"。我们年轻的时候不要饮酒，饮酒醉了丑态百出，而且有害健康。成年人饮酒也不要过量，醉汉疯言疯语会惹出不少是非。

我们老板就经常爱拉我出差。为什么？我去以后没人吃肉没人喝酒。有一次我跟老板出去见几个朋友，摆的酒都是茅台，桌子上的肉也是满满的。我们坐飞机去的，接待方给我们老板配了一辆车。

吃饭的时候我就问我们老板这几个朋友："你和我们老板是不是最好的知心朋友？"他们说："是呀，我们认识了很多年，一直关系很好。"

我说："好像不是，你看看，就咱们 4 个人，酒就摆了 10 瓶，可能是意有所图。"这几个朋友就看着我问："怎么意有所图？"

我说："你们可能要跟我们老板谈点儿事，把他灌醉以后好让他答应很多不符合公司规章制度的事情吧，这是第一。第二，你们如果是朋友哪用拿酒啊？酒是别人的，命是自己的，哪能自己这么糟蹋自己，对家庭对自己的公司全然不负责任。你给我老板还配了一辆车，我又不会开，你把他灌醉了，让他开车出车祸怎么办，你存心不良呀。"我这个人说话也口无遮拦，当时说完了以后，一瓶酒也没人开，肉也没人吃，就吃点儿素菜走了。

我们老板就因为这个特别重用我，给我涨工资，走哪儿去都带着我，没人敢劝他喝酒，都说你那个助理口才太厉害了，吓得我们都不敢劝你喝酒，只能喝饮料。他们到最后跟我说："秦助理，不是我们想喝酒，我们实际上也不想喝，只是碍于面子。仔细一想，我们这么好的朋友还用喝什么酒。"

当然，酒并不是不能喝，但喝酒一定要有节制。就像我劝我岳父喝酒，老人家上点儿年纪了，少喝一点儿酒可以促进血液循环，有时候喝一二两也挺好。我甚至劝很多朋友可以喝点儿红酒，红酒对心脏有好处，适当就行。

喝酒也有学问，当金榜题名、他乡遇知己、有朋友从远道来时，我们可以少喝但要适可而止，这样不仅可以表达我们愉悦的心情，增加友情，还可以改善身体血液循环。

要注意培养君子风范

我们接着看"步从容，立端正，揖深圆，拜恭敬"。这是说走路时步伐应当从容稳当，不慌不忙，不急不缓；站立时要端正，须抬头挺胸、精神饱满，不可以弯腰驼背、垂头丧气。问候他人时不论鞠躬或拱手都要真诚恭敬，不能敷衍了事。

现在很多人走路慌慌张张，还会撞到人，甚至撞到车，很可怕。在我们现实生活中，一定要按照交通规则去执行。为什么？对自己负责，对家庭负责任。把你撞死了是小事情，你把人家司机家里害得不轻。他家要是没钱，赔偿你得倾家荡产。你要是结了婚被撞死了，还害老婆害孩子。所以我们都要遵守交通规则，对自己、对家人、对社会负责。

我们做任何事情不要急急忙忙，一定要稳重，这样才会站有站相，坐有坐相。我经常看到很多年轻人，不是驼背就是垂头，说话要么含糊不清，要么没耐心，一点儿朝气也没有。

古圣先贤对一个人的行走坐卧等方面都有很好的教

诲，标准是立如松，行如风，坐如钟，卧如弓。这就是道法自然。

立如松，要像松树一样顶天立地，这样我们会很骄傲。因为天地之中只有一种动物可以顶天立地吸取天地之正气，那就是人。

行如风，走路肩要平，要挺胸抬头。脚步很沉重代表你很累，所以人们表现出来的行为代表你内心一种心境，你心里很自在很愉快，脚步就很轻盈。

坐如钟，坐着的时候要像铜钟一样稳健，要坐有坐相。卧如弓，吉祥卧，即右侧卧这种姿势最符合身体气血流通，左侧卧则会压到心脏。

我们从小养成良好的习惯，懂得礼仪，这样不仅对身体有好处，还会对我们的家庭、工作、为人处世方面有重大帮助。

"步从容，立端正，揖深圆，拜恭敬"，尤其对父母、师长要恭恭敬敬，从真诚心、仁德心、博爱心里面把德行修养提升出来。

我们再看"勿践阈，勿跛倚，勿箕踞，勿摇髀"。这句话讲的是进门的时候不要踩在门槛上，站立时身体也不要歪歪斜斜，坐的时候不可以伸出两条腿，腿更不可以抖动，这些都是很轻浮傲慢的举动，有失君子风范。

"缓揭帘，勿有声，宽转弯，勿触棱"。这句话讲的是，进入房间时不论揭帘子还是开门的动作都要轻一点儿、慢一些，避免发出声响；在室内行走或拐弯时，应小心不要撞到物品的棱角以免受伤害。

古代人的家里有很多帘子。当我们进家门的时候，不论是揭帘子，还是开我们现在的这种门，都要轻一点慢一些。为什么呢？第一是让我们从生活上养成一种"慢"的习惯，可以去除我们的急躁；第二，当家中有人的时候，避免因为我们粗鲁的动作，打扰到他人的休息；第三，家中要是有小孩子，如果您的动静太大的话，有可能把小孩子给惊吓到。

现在都不用帘子了，但是希望我们大家在开关门的时候，尤其在公共场所，一定要注意个人的形象和生活习惯。

另外，不光是在家里，就是出门在外骑自行车或者开车时，也一定要"宽转弯"，与前面的车距离拉大一点儿是最好的。

我们在生活中会遇到很多人，都是因为在一个细节上面出了错，导致终生痛苦。所以我们在人生的道路上，真的是要步步小心，时时学会替他人着想，才能让我们树敌越来越少，波折越来越少。

在日常生活中我们还应注意一些礼节，比如我们在回家关单元楼门、自己家门的时候，一定要轻轻地关，如果声音太大就会扰到四邻。还要注意上楼的脚步也要轻，在家中拉窗帘时也要轻轻地拉。

这样做，一是对物品的一种爱护；二是如果家里有人还没起床，这样也不会影响到其他人的休息。另外，在餐厅里吃饭前后或清理卫生要移动桌椅板凳时，一定要将它们提离地面再移动。这样做的好处之一是使它们本身的使用寿命更加持久，二是对家人和在楼下居住的邻居比较尊重，不会使他们因为听到噪声而产生烦恼。

现在很多人搬东西，都为了省事在地上直接推拉。既损害了自己的家具，又影响到了别人。我们在日常生活中，要一点一滴地关心周围每一个人，这样无论对自己的身心还是德行都有所提升。

"行善如春园之草，不见其长，日有所增；行恶如磨刀之石，不见其损，日有所亏。"就是说我们行善的时候，就像春天的花草一样，在无意识中花朵是越来越鲜艳的。那行恶呢？也会在无意识中使我们的德行日益衰微。女人做菜比较多就知道，刀切多了以后就会变钝，变钝以后你就得磨，久而久之在磨刀石上就会磨出一个坑。所以我们不能以善小而不为，也不能以恶小而为之，要处处有为社会、为国家、为他人着想的心态，这样你的人生才会越来越好。

我们再看下一段，"执虚器，如执盈，入虚室，如有人"。这句是讲拿东西时要注意，即使是拿空着的器具，也要像里面装满东西一样，小心谨慎，防止跌倒或打破。进入无人的房间也要像有人在一样，不可以随便。

这个讲的是我们家庭的生活习惯。我们现在看到很多人端碗容易把碗打碎、把碟子打碎，都是因为他们没有做到"执虚器，如执盈"。既损害了自己的福气，又浪费了自家的金钱，弄不好还有可能把手划伤。

我们做事时，也不能因为有人在，我们就做得井井有条；没有人在，我们就做得不到位。有些人，越是人多的时候，他表现得越好、越积极，看上去十分懂礼；可没人的时候就原形毕露了，可见他在人前所做出来的都是假的。我们对父母也是一样，父母在不在面前，我们的恭敬心都是一样的。这样久而久之才能使我们真正养成好的习惯，改掉恶的习惯，才能提升人格魅力和德行修养。

我们再看下一段，"事勿忙，忙多错，勿畏难，勿轻略"。这是说做事不要急急忙忙、慌慌张张，因为忙中容易出错。也不要畏苦怕难而犹豫退缩，更不可以草率、随便应付了事。这句主要讲的是我们在做事情时不该有的态度。

"勿畏难，勿轻略"，这是说我们现在很多人做事情，一没有耐心，二没有恒心。尤其是在学东西方面，老是有退缩心理。我们做事情如果没有恒心、不果断就很难成功。比如我想找人借个东西，左一想人家会不会在忙，右一想别人会不会在休息，想来想去，也没有敢去借这个东西，这就是因为我们有畏难情绪。

让自己和孩子远离不良场所

我们再看下面这一句，"斗闹场，绝勿近，邪僻事，绝勿问"。首先讲"斗闹场，绝勿近"，就是说凡是容易发生争吵打斗的不良场所，如网吧、赌场、色情场所等是非之地，要勇于拒绝，不要接近，以免受到不良影响。

时间不能浪费呀！生命太短暂了，你今天在，可明天就不一定在了。所以我们不能把时间浪费在上网、赌博、去色情场所以及说人是非上面。

我们现在一天24个小时很快就过去了，很多人一天下来什么也没学到、什么也没做，天天这样"慢性自杀"，还美滋滋的。

做家长的也一定要警觉，不能什么地方都带孩子去。现在的孩子从小看到的、听到的大都不是他们应该看到、听到的，所以现在的孩子都很早熟，路上很容易就能看到十几岁的孩子成双成对、搂搂抱抱的。

父母从小应该给孩子灌输正确的思想，不仅是孩子，连我们做父母的都要少去歌舞厅、网吧、酒吧、赌博场所，因为这些地方会激起我们的贪念、憎恨心和欲望，会让我们越来越堕落。

现在越是富裕的家庭，越是不知道怎么教育孩子。

我遇到过很多有钱人家的孩子，才二十几岁就天天吃摇头丸。因为他从小吃喝玩乐，什么都见过，觉得什么都没意思，只能到迪厅去找刺激，吃摇头丸才觉得有意思。这就是因为父母在孩子的教育上没用心，只知道给孩子提供物质生活，却没有真正从心灵上去关心孩子，所以孩子心灵空虚，才会寻找刺激。

提升境界，要做到"五勿"

我们要提升自己的境界，首先要做到"五勿"，这样才能用自己的德行去感化自己的孩子，感化身边的朋友。

第一，勿交无益身心之友。因为这样的朋友不仅会损害你的身体，还会损害你的良心。对于这种人，我们应该做到恭敬远离不能交。要想来往可以，首先要保证有定力。其次，你要保证一辈子不发脾气，这样才可以来往，才会不受他们的损害，不受他们的影响。如果没有这两种能力，那我们就要远离这些朋友。

第二，勿入无益身心之境。前面讲到的歌舞厅、网吧、酒吧、赌博场所我们都不能去。我碰到过一个村长，打麻将赢钱了，结果突然高血压犯了，就没命了，你看，赌博害父母、害子女、害老婆。我还碰到过一个孩子，才四五岁，就跟我说：我爷爷在家打牌第一，可我把我爷爷都赢了。这一家人还高兴得不得了，直夸孩子聪明，能把爷爷给赢了。我说："你们家孩子是厉害，不过以后你们的家产就要交给赌场了。"

我们不仅要远离这些无益身心的场所，也要少听别人的是非。因为当你耳朵里都是别人是非的时候，你无意中肯定会把这些是非说出来。所以我们要做到不说，必须要做到不听。口和家才能兴，家兴财就会旺。

第三，勿攒无益身心之心。什么叫无益身心之心啊？说父母不好，说兄弟姐妹不好，说国家不好，说社会不好，这种抱怨的心态就是无益身心之心。我就遇到一个人天天说要杀他父母，我问他为什么现在不杀，他说他现在没钱，父母有工资，他还得靠他们养着。你看，多可怕啊，家里简直是养了一条狼啊，父母一旦没有工资就可能被他杀掉啊。

第四，勿言无益身心之语。现在很多人天天讲的都是些桃色新闻、奸淫掳掠之事，这些都是无益身心的。"邪僻事，绝勿问"，这类的话语我们是不能说的。尤其不要揭别人的短，说话不要尖酸刻薄。

第五，勿做无益身心之事。比如别人要杀鸡，但是没刀，你一看自己家有刀，就借给他。其实一个是主杀一个是助杀，我们还美滋滋地以为自己是助人为乐。

所以我们一定要做到这"五勿"，才能使我们的语言行为以及接触的环境都不会造成自己内心的污染。做到"五勿"就是防治污染。

每个父母就是孩子的一把大伞，要能够遮挡住一切风风雨雨，孩子才不受污染。等到他德行根基扎稳再去接触这个复杂的社会，你才能放心，因为他已经能分辨是非、好坏、善恶。

古人说"宁可终年不读书，不可一日近小人"。对恶知识我们要恭敬远离，对善知识我们要亲近尊敬。我们要给孩子一个很好的成长环境，要广结善缘。让亲朋好友都懂得互相联系互相帮助，可以达到易子而教的效力。可能家长自己跟孩子讲许多做人的道理，孩子听多了就有些不耐烦。但是这些道理从我们亲朋好友的嘴里讲出来，孩子就有可能听得进去。所以我们要明白，营造好的环境就可以有潜移默化的力量，使孩子茁壮成长。

拜访人和向别人借物品的礼节

我们再往下看"将入门，问孰存，将上堂，声必扬"。将要入门之前应先问："有人在吗？"不要冒冒失失就跑进去。进入客厅之前应先提高声音，让屋内的人知道有人来了。

再扩大一点儿，假如你要拜访朋友，不仅要做到"问孰存"，还要事先问清楚家里有哪些长辈，有哪些家人，他父母和家里的状况如何，等等。当进入他家时，还可以根据自己了解的情况，关心一下他父母的身体。见面三分亲，这样问会让他家里人觉得很亲切。因为他们的孩子跟我们非常密切，而他们对我们了解很少，不知道我们的品德怎么样，所以会挂心。因此，我们交朋友应该要有个好习惯，一定要到朋友家里去拜访，让他家里人对我们熟悉起来，以免担心。

我们接着看"人问谁，对以名，吾与我，不分明"。

屋里的人问谁来了，要答自己的名字，而不应该回答"是我"。因为你说是我，别人还是不知道你是谁，让人无法分辨。这也是一个基本的礼貌。

古代大臣去见国君或下级拜见上级的时候，都要叫着自己的名字，这样国君或上级才能清楚是谁来了。只有很有威望者，或者与皇帝关系密切的人，入朝求见才可以在拜见时不称自己的名字，这在古时候叫做"赞拜不名"。汉朝丞相萧何就享有这样一个待遇。如今虽然上下级不那么严格，但是在拜见别人时还是要清楚地介绍自己。这样人家最起码会对你有一个初步的了解，以便进一步交往。这也是我们日常生活中应懂的礼节。

尤其现在一般楼道门都是有门铃的，我们按门铃，对方拿起话筒一定会问"你是谁？"这个时候不能说"是我"，而应该把具体的名字告诉对方，表明来意，他才会开门。我们在按门铃的时候，也要很温柔，不要猛烈不停地按，让人家心烦。有很多小朋友都会把门铃按得非常急，我们就应该告诉孩子，去拜访长辈的时候，按门铃一定要轻。如果按完以后别人说马上就来了，那就不可以再按。如果你再按的话，就表明我们个人的心态很急躁，会引起主人家的反感，不愿意和我们交往，有时候会弄巧成拙。

"用人物，须明求，倘不问，即为偷"。这句是说借别人的物品一定要先讲明，请求允许，如果没有事先征得同意，擅自取用，就是偷窃行为。不要认为这是小事情，认为自己和别人是好朋友，用一下别人的东西也无妨。

我们在人生道路上一定要光明磊落地做人，做任何事情都不要给朋友、家人增加烦恼和负担，一定要言行妥当，这个很关键。

北京有家外企招聘员工，去应聘的人都是很优秀的，而且要经过很多关的考试，要考专业、外语，考到最后只剩下几个人进入面试。这些人都到了会议室后，主考官说："我现在刚好有点儿急事，要出去一下，10分钟后我们继续面试。"结果在主考官走出去的10分钟之内，这些年轻人站起来摸东摸西，将桌子上的文件看了看，还顺手拿给其他人看。10分钟后主考官进来说："对不起，你们统统都没有被录取。"做人没有规矩，乱摸乱动，在别人家还当在自己家一样乱翻，这都是很没有礼貌的表现，所以他们都没有被录取。

他们很不服气地说："从小到大也没有人教我们不许乱动。"所以说"先人不善，不识道德，无有语者，殊无怪也"。这都是因为父母没有教育好，才导致这些孩子连最基本的礼节都不懂。

我们接着往下看"借人物，及时还，后有急，借不难"。借来的物品要爱惜使用并准时归还，以后若有急用再借就不难。

《弟子规》主要的内容就在孝道，所以它第一篇讲到《入则孝》。真正有孝心的人也会把《弟子规》后几篇所有的字句落实在生活和工作中，因为它是孝心的一个延伸。比如你借别人的东西，不爱惜弄坏了，别人就会说，这个人太没有修养，肯定是父母没有管教好他。你看，让别人对父母产生微词就是不孝。所以我们《弟子规》句句讲的都与孝有关系。

第四讲

信

凡出言，信为先，诈与妄，奚可焉。

话说多，不如少，惟其是，勿佞巧。

奸巧语，秽污词，市井气，切戒之。

见未真，勿轻言，知未的，勿轻传。

事非宜，勿轻诺，苟轻诺，进退错。

凡道字，重且舒，勿急疾，勿模糊。

彼说长，此说短，不关己，莫闲管。

见人善，即思齐，纵去远，以渐跻。

见人恶，即内省，有则改，无加警。

唯德学，唯才艺，不如人，当自砺。

若衣服，若饮食，不如人，勿生戚。

闻过怒，闻誉乐，损友来，益友却。

闻誉恐，闻过欣，直谅士，渐相亲。

无心非，名为错，有心非，名为恶。

过能改，归于无，倘掩饰，增一辜。

诚信是成功的根本

我们再下来看这一段，"凡出言，信为先，诈与妄，奚可焉"。这一句非常重要，非常适合我们现代人去学习。开口说话诚信为先，答应他人的事情一定要遵守。没有能力做到的事情不能随便答应，至于欺骗或花言巧语则更不应该。《论语》云，"与朋友交，言而有信"，"信近于义，言可复也"，说的是人无信则不立，不过，约定的事情要合乎义理才能实践。

我们现在的人最容易犯的毛病就是信口开河，说得天花乱坠，可却落实不下来。我们不能办到的事情就不要说，话说多不如说少，言出必行，这个很关键。能做到的再答应，不能做到的还硬要答应，就会给自己惹来麻烦。

"诈与妄，奚可焉"。现在很多人说你给我多少钱，我就能替你把事办了，这都是骗人的。我们越是好的朋友，越是熟悉的人，就越要落实诚信。诚信不仅是我们做人的基石，还是身处社会中要想成功的根本。

东汉郭伋是茂陵（今陕西兴平）人，在并州（今山西太原）做刺史，对待百姓素来广积恩德，言出必行。有一次他准备到管辖的西河郡（今山西离石）去巡视，有几百个小孩子每人骑了一根竹竿做的马在道路上迎着郭伋欢送他，问他什么时候才能回来？郭伋就计算了一下，把回来的日子告诉了他们。郭伋巡视得很顺利，比预定归期早回来了一天。但他恐怕失了信，就在离城里还有一段距离的野亭里住了一宿，等到第二天才进城。那些孩子果然都在路上欢迎郭伋的归来。光武帝刘秀称赞他是一个贤良的太守，对小孩子都无欺，信之至极的事情，这很可敬。

很多人做一点儿小小的善事，恨不得报纸天天报道，让别人知道，都是为自己出名。我们志愿者不一样，志愿者可以宣传，但目的应该是通过宣传让更多人关注穷苦的孩子，关注公益事业，唤醒人们的爱心。

人生应该要走正道，我们要有道德、有信心，遵从圣贤教诲来做人，后福自会无穷。因为"人为善，福虽未至，祸已远离；人为恶，祸虽未至，福已远离"。话说多没有用，关键是我们说的每一句话，是不是能遵守承诺给落实下来。

那我们的人生要怎么经营？也是如此。重在承诺，贵在落实。

现代人最大的悲哀之一，就是忘记了我们的根本，忘记了恩德和情义的存在。所以我们要认真落实《弟子规》，使每一个人都变成孝亲的代表，恩爱的代表，诚信的代表。千万不要忘记孝亲尊师是我们做人的根本，超出这两个根本，世上一切宗教，一切神圣教育皆不可立足。

话多不如话少，话少不如话好

我们接着看这段"话说多，不如少，惟其是，勿佞巧"。话多了不如话少，话少啊，不如话好。说话要恰到好处，该说的就说，不该说的一定不说。立身处世应该谨言慎行，谈话内容要实事求是，不要花言巧语，即"吉人之辞寡，躁人之辞众"。

这里主要讲到的是说话的技巧。我们经常可以看到，许多人为一两句话争吵，像兄弟姐妹之间、夫妻之间为一句话争吵的事情很多。什么原因呢？话说多不如少。

我们讲话的含金量有多少？同样是说话，别人一言九鼎，可我们如果说出来的话和冒气一样，那说了还不如不说，所以说话的智慧和技巧非常重要。

就像我经常讲的，在公共场所应该多说好话，说出来的话不光能影响到自己，还能影响到整个团体的气氛，对家庭或者个人和团体还有凝聚作用。别揭别人的伤疤，多说一些安慰和鼓励赞美人的话语，这种话说再多都行。而且说话一定要踏踏实实、真真切切，不能说过了。为什么这么说呢？这个人本身腿就有残疾，你还不停夸他，你看你走路姿势多漂亮。这不是等着挨骂吗？所以夸人一定要恰到好处。不过，说好话可不是代表拍马屁，很多人误认为是拍马屁就错了。

古人讲得好："祸从口出，病从口入。"我经常讲，夫妻之间为什么经常生气？不为吃不为穿，因为嘴太臭。说话没技巧，没智慧，丈夫嘴臭，妻子嘴臭，这个家庭就有矛盾了，矛盾延伸下去还影响双方父母、影响子女。

"惟其是，勿佞巧"。说任何话，都要真真切切，里头没有闲言碎语、花言巧语。对就是对，错就是错。用承诺、诚信去落实你人生的亮点，这样我们的人生会少很多阻碍，才能真正一帆风顺。

我们再看这一段，"奸巧语，秽污词，市井气，切戒之"。奸诈取巧的言语、下流肮脏的话，以及街头无赖粗俗的口气都要避免，不要去沾染。有的地方人说话有口头语，动不动就会带脏字，在说话过程中，无意识中就伤害了很多人。

现在的人没事了坐一块儿就是谈八卦，聊这家离婚了，那家打胎了。成天扯这些事，是会污染我们心灵的。我们坐在一块儿，要多谈论一些好的事情，要多夸谁家媳妇很孝顺，谁家儿子很有本领，谁家兄弟之间相互友爱等。我们如果天天讲的都是好人好事，我们的心情也会积极起来。

现在很多人，一遇到某某老总，某某领导，恨不得把眼睛都笑没了，这就会让人误认为他是在拍马屁。我们在交谈中，看到比我们有能力的人，我们还有可能去恭敬人家。遇到稍微比我们差一点儿的人我们通常都会表现得很高傲。这个很不好。还有很多人见别人第一面，就随随便便把家里的事情全部跟别人讲了出来。古人讲得好，"家丑不可外扬"，所以我们在交往的过程中，一定要掌握好度，你对人家太好，别人还误以为你意有所图。

说话，是和人见面、交往重要的表达和沟通的方式之一。因为这张嘴你可以交遍天下朋友，因为这张嘴你也可以得罪天下所有人。所以我们一定要注意说话的技巧。

不管有钱没钱，我们都要避免沾染市井粗俗和奸巧的气息，我们要少接近小人。但是，更值得注意的是，我们有钱以后反而容易交往很多小人。如果没有定力，交上一个坏朋友，可能就毁掉你一生的幸福。所以，"宁可终岁不读书，不可一日近小人"。

急躁是修养的大忌

接下来讲到"见未真，勿轻言，知未的，勿轻传"。这是说任何事情在没有看到真相之前，我们不要轻易发表意见，对事情了解得不够清楚明白时，不可以任意传播，以免造成不良后果。

我们看"苏东坡改诗"的故事。北宋时期有一天，大文学家苏轼到丞相府去拜访王安石，因王安石正在接待别的客人，他就一个人坐在书房里等待。闲着没事，他随手翻阅起了王丞相书桌上的书，发现桌子上有一首王安石没有写完的诗，上面写着"昨夜西风过园林，吹落黄花遍地金"。读了以后，他笑了笑，在心里说，王丞相的诗把季节弄错了，菊花在秋天正是开放的时候，怎么会落呢？于是他提笔续上了后两句"秋花不比春花落，说与诗人仔细吟。"然后他就离去了。不久以后他因事被贬为黄州团练副使。秋天到了，他院子里的菊花落了一地的花瓣，他这才知道，原来还真有在秋天开败的菊花。你看，其实他自己没弄懂，误以为人家写错了，还给人家擅自续诗。

很多事情，我们不相信不代表没有，我们要做到切不可盲目拒绝，切不可盲目崇拜。盲目崇拜叫迷信，盲目拒绝也叫迷信。你没有见过你就拒绝，你没有见过你就崇拜，这都是错的。我们从这个故事中应该吸取教训，不要自作聪明，骄傲自满，不要对于别人的所作所为妄加评论，要有谦虚谨慎的态度。

我常说现在人的情感，兄弟之情也好，父子之情也好，夫妻之情也好，都没有根，别人说两句话就会导致亲兄弟打架，就会让夫妻两个离婚。现在很多人善恶不分，对很多事情乱加评论、随意宣传，会对很多人尤其是孩子造成不好的影响。

我们要有定力，不能总听信别人的诽谤。"谗言慎勿听，听之祸殃劫，堂堂七尺躯，莫听三寸舌。"在处理公事时，我们大家可以畅所欲言，直言不讳。但在私底下不应该让谗言飞来飞去，因为"舌上有龙泉，杀人不见血"，我们一定要用自己的德行和智慧去做事。我们一定要管住自己的嘴，修好自己的行，降服自己的心。管住我们的嘴，不传是非，不说是非；修好我们的行，行为端庄，言行一致；降服我们的心，不起怒，不起躁，不起贪，不起嗔，不起痴。这才是修行的目的。

下面是"事非宜，勿轻诺，苟轻诺，进退错"。这句是说不合义理的事不要轻易答应，如果轻易答应会造成做也不行，不做也不行，使自己进退两难。

"盛喜中，勿许人物"，就是说我们在高兴的时候不要乱许人家东西。现在很多人一高兴，就总在无意中给人家许诺，我给你送个什么吧，结果过去就忘了。"盛怒中，勿答人书"，就是说生气的时候，不要给人回信。

因为我们"喜之言，多失信，怒之言，多失体"。我们高兴的时候，说的话一般都会失信；我们发怒的时候，说出来的话大都非常失体。

你看什么叫天堂地狱？如果一个人心情很好，那就会去天堂。如果一个人发怒的时候眼睛一瞪，就像地狱的恶鬼出来了，地狱里头的火焰出来了，黑白无常的叫吼声也出来了。你看发怒的这个过程，我们抽动着脸，眼睛也怒了，形象也变了，气色也变了，这就跑地狱去了。善恶实际就在一念之间。

咱们接着往下看"凡道字，重且舒，勿急疾，勿模糊"。我们讲话时要口齿清晰，咬字清楚，要慢慢讲，不要太快，更不要模糊不清，这样就可以改变一个人的急躁个性。我们现在的人大多比较浮躁，因此在讲话时也容易急躁，搞得对方听不清楚。

我们要想改变这种急躁的脾气，首先要从说话改起。我常说能控制自己情绪的人，就能控制自己的未来。我常碰到很多朋友就是因为说话而惹来麻烦。据说有两个中国人在国外旅游，他们说话的声音又大又急，外国人看见就报警了，说有两个中国人在吵架。等警察来的时候，这两个中国人都不知道发生了什么事。

你看，这就是说话太急给自己带来的麻烦。因此我们讲话时要口齿清晰，尤其是在公共场所跟别人交谈时更要注意，而且我们要尽量用普通话，不要夹杂方言，以免别人听不懂带来麻烦。

所以我们在为人处世上，说话要说活，做事要做活，这样你就"活"了。我们人与人交往，说话为第一，所以希望我们大家在这个上面还是要下功夫。要是人人都爱听你说话，那你发财了，因为人脉大于财脉，这个了不得。

面对是非，要做到"三不"

我们再看底下这一段，"彼说长，此说短，不关己，莫闲管"。遇到他人来说是非，听听就算了，要用智慧判断，不要受影响，不要介入是非。事不关己，不必多管。我们现代人，最大的毛病和弊端就是"彼说长，此说短"，骂人骂得多，夸人夸得少。

有人说他听见别人说我不好，指名道姓地说。他就问我："那人家要是在你面前说你不好，你会怎么办？"我说："我还要感谢他呀。因为他说我不好，是把我当成了知心朋友，他觉得我这个人修养和德行还不错，他来考验我，看我会不会发怒。你说我要再发怒，那不是中他的计嘛，所以我要感谢他。另外，他为什么说我？是因为他不了解我，牙齿还有咬破舌头的时候，何况是两个人，就是被他说说也不打紧。"

我又问他和那个人是什么关系，他说关系很好。我说："你看，关系很好，你还背着他来跟我说他不好，我一看你就没有君子之义，备有小人之心啊。你来把这些话传给我，那你就是传是非之人了。"

　　他说："人家真说你了，我不是骗你的。"我就想了想说："他为什么要说我啊，目的是什么？如果他心里很烦，没地方撒气，在我身上撒气，你看我也做善事了，他把气也撒了，身体好了，我还听不见，这不是好事吗？哪有气可生？哪有是非可听？我没看见过，我也没听见过。"

　　要不有很多人说我是好好先生，见谁都说好。我说："是啊，我看人优点你看人缺点。我看人优点，取众人之长，我才长于众人，所以我讲话听课的人多；你是取众人之短，所以你才短于众人。"

　　太简单的问题你想不明白，把自己的身心世界变成垃圾桶你还美滋滋的。你装了垃圾是小事情，回家拉着你爸讲，拉着你妈讲，还在家里宣传，让别人也受污染。这就是我刚才给大家讲的口臭之源，你当口臭是说他嘴脏？不是。什么叫口臭，就是臭气熏天，把身心当成垃圾桶了。

　　我们每个人要做到不听是非，不闻是非，不传是非。做到这"三不"，自然而然耳根清净。我们要用智慧去处理说是非的人，我们要用智慧杜绝是非传进耳朵，我们更要制止是非传到别处。

我们现在的人很可怜，不光是垃圾桶，还是广告牌。一个朋友见我就问："秦老师您看我穿这衣服怎么样？"我说："就是一块布嘛。"他说："你没看见，这是一个牌子。"我说："你给人家宣传呢？这厂家一个月给你发多少钱。自己花了钱，人家把你钱挣了，你还傻乎乎满街给人宣传，你不是傻瓜？"

我们天天管的都是与我们没有关系的事情。我就碰到一个朋友跟我讲，说他朋友中了500万元人民币的大奖，他就在家里给人家谋划，20万买个车子，20万干个什么，再花20万干什么。我说："你这朋友是不是给你发了策划费？"他说没有。我说："那你朋友是不是请你吃饭了？"他说也没有。我说："你看，吃自己家的饭，操别人家的心，你太可怜了。"在我们家里，谁要是一议论别人的事情，我就会说："把我们家的饭全吐出来，去他家吃饭。因为你吃我们家的饭，你不操我们家的心，你操别人家的心，这个不行。"

是非止于智者，是非来到智慧的人面前就没用了。挑拨离间等各种是非你不听就没有。

我们管不了别人说是非，但我们可以管住自己不说是非，不听是非，不想是非，不传是非。《弟子规》里的一句一言，皆有无量含意，不可轻视。它们不光是教会我们做人处事的道理，教会我们如何做大企业家、大慈善家，还教会我们做清官。书里的内容小到穿衣吃饭，大到治理国家世界。所以我们千万不能轻视这一本蕴含着 2000 多年智慧结晶的书。

当然，除去闲话和是非之外，我们看到别人的错误不指出来也是不对的。每一个人的眼睛离太阳月亮不算最远，而离自己的眉毛却是最远，因为我们永远看不到自己的眉毛。"善相劝，德皆建，过不规，道两亏"，看到对方错了，你不劝他向善，那你的德行也有缺失。

但重要的是，你劝任何人之前你自己先要做到，不然你不要劝别人。

现在凡是说我不好的人，我对他们都感恩戴德，因为他们是提醒我的老师。所以大家以后不要再夸我了，要多给我提建议、提过失，这样才有助于我在人生道路上少犯点儿错误。

不过，如果我们要指出领导的错误，不能大喊大叫，应该在只有你们两个人的时候，真诚地指出领导的错误，并提供一些解决问题的办法，这才是"善相劝"。

所以我们说话做事要发自真心，要利于他人。我就发现我周围这些朋友现在特别好，晚上 5 点多，我说我要回家了，儿子在家等我，他们都没人拦我，还鼓励我让我赶快回家。过去可不行，天天晚上非要请我吃饭。现在他们知道了，原来妻子、孩子、父母最重要，不能在外面呆得太晚了。

大家看我每天晚出早归，很多人也开始效仿我。昨天我还碰到一个大姐说她老公天天说感激我，说遇到我以后他知道该怎么做人了，该怎么当丈夫了。所以我们在做任何事情的时候，都要选择利于大家的。你看我这一选择早点儿回家陪孩子，我周围很多朋友就知道做父亲要有一个父亲的样子了，也开始早回家了。

我们在人生道路上的一言一行，一个决定，都要起到正面的影响。我们要起示范作用，要自己去落实，不要去要求别人。在做这些事情的前提下，我们也要顾全大局，不要搞帮派。因为中庸之道才会使人处于不败之地。我们与人相处，如果遇到有两种拉力，你最好两边都不站，这是最明智的选择。

所以你要练一个功夫："傻笑"。在人生道路上一定要圆融，要有智慧。说到傻笑，我就老想起我自己，我住的房间一进门就有一个弥勒佛。过去我总是一副苦瓜脸，连董事长都说没看见过我笑。后来我就跑到东郊一个卖瓷器的地方请了尊弥勒佛，我说我从今天开始向您老人家学习笑。就这样供了这几年，每天早晨笑10分钟，晚上笑10分钟，开始还是皮笑肉不笑，到最后就都笑了。所以这傻笑功夫我还是有的，谁说什么我哈哈一笑，说什么都笑，这个就好。

我们为人处世方法很多，笑是第一智慧、第一方法。别人要骂你，你哈哈一笑，他骂不出来了；别人要打你，你哈哈一笑，打不起来了；夫妻俩一吵架，你哈哈一笑，吵不起来了，就这么简单。所以笑是化解一切冲突，去除一切障碍的第一法宝。

这种傻笑，其实是一种高明的处事方法。这种方法需要人具备水一样的品格——圆融，任何容器都能容，随着容器改变自己的形状。

所以我们既要学水的圆融性，又不能因为器具形状的不同而改变我们的本质。水养育人类，也给人类启迪。水还具有两大特性，第一是安于低下，水利万物而不争。水有润物之功，水能孕育生命，哪里有水，哪里就有生命。冰山雪峰飞瀑源泉，溪流水潭江河湖海，水无处不在，但从不居功自傲。

水的第二个品质是柔弱，但能胜刚强。因为水虽然是最柔弱的，但滴水却能穿石。柔和弱不代表我们低智，不代表我们无能，而是代表了我们以不变应万变的智慧。因此水的特性很值得我们每一个人去学习。如果每一个人都具备了水的特性，特别是在团体当中，如果你能一心为他人着想，只做好事，不求名利上的回报，默默地奉献一辈子，那怎么会有人不喜欢你呢？如果我们都能像水一样随缘不攀缘，那就世界和谐、天下太平了。

见贤思齐，提升我们的德行

我们再往下看"见人善，即思齐，纵去远，以渐跻"。看见他人的优点或善行义举，要立刻想到学习效仿，纵然目前的能力与他人相差很多，也要下定决心逐渐赶上。即使现在这样的榜样很少，我们也不要灰心，要逐渐要求自己和圣贤人一样，要跟圣贤人做朋友，才能提升我们自己的德行。

现在很多人，一看别人做善事，就怀疑别人是意有所图，或者认为别人的钱来路不正。我们看到别人做善事，不能去效仿，反而找出种种借口去攻击、去诽谤。什么是小人啊？就是见人善，生嫉妒，见人善，生障碍，见人善，生烦恼的人啊。

我们天天看到的都是别人的缺点过失，经常添油加醋、绘声绘色地讲人是非。这是为什么？就是因为见人善，不思齐。

我们看下一句，"见人恶，即内省，有则改，无加警"。看见别人的缺点或不良的行为，要反躬自省，检讨自己是否也有这些缺失，有则改之，无则加勉。我们要做到：静坐常思己过，闲谈不论人非。

我经常说，什么叫忏悔？就是我们从今以后不要再犯同样的错误。

现在的人说应该戒烟，他确实戒了，戒了一个月又开始抽了，这就是知道忏悔，不知道忏行。忏悔的心有了，没有忏悔的行为，行动上不能落实，这就容易让我们犯错误。

现在的人太会为自己找借口，我就碰到去嫖娼的说自己是帮助小姐，犯桃花的说自己是命里注定，诸如此类有很多。我们想没想过"见人恶，即内省"？我们有没有"内省"？我们没有，而且我们见人恶还会加入，跟他一起恶。犯了过错还会说，这不是我不好，是周围环境不好，他们影响我，我才犯错误了。你看，一句话把过错全部推给别人。你不想想，要是你把人杀了，他们会代替你坐牢吗？不会。所以你要这样找借口，那你离死很近了。

"有则改，无加警"，有的话我们要立即改正，而不是说我慢慢来吧。没有怎么办？要永远当一个警示，不要让这些过错的东西在我们身上发生。比如我们在家看到父母对爷爷奶奶不孝顺，该怎么办？"见人恶，即内省"啊。然后通过自己的行为来影响他们。

"见人恶，即内省，有则改，无加警"，首先就要从孝敬父母、友爱兄弟姐妹着手。从家里做起，处处当模范，处处讲落实。我们不能总为自己的恶行找借口，要反省，要有警惕心，不能懈怠。

我们再看底下这一段，"唯德学，唯才艺，不如人，当自砺"。每一个人都应当重视自己的品德、学问和才能技艺的培养；如果感觉到有不如人的地方，应当自我鼓励和加强。现在我们有很多不如人的地方，就会找借口去掩饰，甚至别人超过我们，我们自己还会去攻击人家，嫉妒人家。

有个朋友跟我说："秦老师，你讲的这个话，我听着也对，也不对。"我说："为什么呀？"他说："现在干工作，人家说你行，你就行，不行也行；说你不行，你就不行，行也不行。"我说："谁说的？"他说："经常有人说你把领导巴结好就行了，领导说你怎么样就怎么样。"

我说："错了。有没有这种现象？有，过去可能有，现在很少。"为什么呀？你要是靠贿赂给自己揽了一个工作，但你要是没有这种德行和能力，做不好就等于给领导穿小鞋啊。现在都是责任制，手下犯错误，会说领导监管不力，照样受处罚。现在领导用人处事不光是看贿赂，还要看你，你要没有真才实干，他不敢把工作交给你。

我们看现在的报道，大桥和各种建筑塌倒，水泥不合标准，现在都在追究监管人员的责任，有人退休了都会被抓出来让其负责。比较聪明的人该怎么办？要去提升自己的德行、学问和技能。这样去做，就比较好。而不是靠贿赂、花言巧语来得到好处。

德行是我们施展才艺、施展人格魅力的基石。无德之人有才不敢用啊，为什么？他会为很小的利益损害一个企业乃至整个国家的利益，这个很可怕。德行最基本的呈现就是孝道，只要离开孝道，《弟子规》后面所讲的东西就没有内容。我们看它的内容，都是体现一个德、一个孝。孝心是德的始发，孝行是德的深化。孝心一起，孝行出来了，德就处处表现出来；一表现出来，人格魅力、道德修养全部就圆满了，别人看见你就会有感触，就会被你的一言一行影响。真是如此。

"唯德学，唯才艺，不如人，当自砺"，这两方面我们不行怎么办？我们要学习。切不可产生攻击、嫉妒贤良的心态，不论你是在工作中还是在家庭中。

我们现在没人学德学、才艺了，天天学的都是怎么害人，怎么骗人，学的净是《厚黑学》，这多可怕啊。

有些事情我们没有办法制止，也没有办法去管，我们能要求的只有自己的行为，要求我们自己不要去犯这一类的过失，让我们活出人的味道，让行为不端之人看到我们会觉得惭愧，用我们的行为来感召他们。

我们再看下一段，"若衣服，若饮食，不如人，勿生戚"。外表穿着，或者饮食不如他人，不必放在心上，更没有必要忧虑自卑。

要知道贫寒不是耻辱，人活着关键在于他的德行和学问。德行和学问很重要，如果一个人穿着名牌衣服，开着宝马，还随地扔垃圾，说话吐脏言，我们会敬佩他吗？

别人夸你指责你时，都要理性对待

我们再看底下这一段，"闻过怒，闻誉乐，损友来，益友却"。我们要观察孩子，你在赞美他的时候他是不是很高兴？如果你在教育他的时候，他反驳，甚至有逆反心理，不愿意和你聊，你就知道了，他周围可能夸他的人太多了，于是他接受不了别人对他的指责和教育。

如果一个人听到别人说自己的缺点就生气，听到别人称赞自己就欢喜，那得到的结果是什么呀？坏朋友就会来接近你，真正的良师益友反而逐渐疏远退却了。

那我们为人父母，要身兼三职："作之君、作之亲、作之师"。就是要做孩子的领导、亲人、老师。

我们在教育孩子、处理朋友关系上面，要观察自己，是不是别人一夸我们，我们就得意忘形；一说我们不对，我们就开始耿耿于怀？

别人在夸你的时候，赞叹你的时候，你要有理智。

第一，想一想，他夸的是不是真的我，名副其实吗？如果是真的，人家夸我，我们谦虚吗？人家是在鼓励我们，我们要做得更好。那要是做得不好，就想想他为什么要夸我？如果是益友，他夸你是鼓励你，为什么呀？鼓励你以后要学好。那要是恶友，他夸你干什么呀？因为你的身上有利可图。不是看你的官帽子，就是看你口袋里的钱包。

所以我们一定要把"作之君"的责任树立起来，一定在交往朋友方面多听良师益友的建议。这样才会德日进，过日少。我们不能被人一夸就开始得意忘形，忘却了我们为人处世的原则。所以我们在为人处世上面，别人夸我们的时候，我们不要太喜；别人在指责我们的时候，我们也不要太过于生气。这样良师益友才敢真正站出来。你看这一段讲得多好，"闻过怒，闻誉乐，损友来，益友却"。

我的老师给我提了两点建议，不管以后讲课也好，和别的朋友聊天也好，切记两点：切机切理。切机不切理，你说的误导人，等于胡说；切理不切机是闲谈。说你切理，讲得确实很好，可是不切机等于闲谈，没用，说废话一样，哪有效果啊？本身他是小朋友，要玩耍呢，你非要拿个大学课本来，说你学习，这是什么，那是什么。这小孩儿一看，说你骗人。你看，你说的也切理，可是不切机。

老师对我说："你只要把握住这两个原则就行了，不懂千万别乱讲。依附这个古圣先贤讲的东西落实，千万不要乱掺杂自己的思想和言辞。"我对这个感触很深。要不有很多朋友说你讲什么？我说："我什么都没讲，真没有讲，古圣先贤讲的，我重复了，内容全是人家原有的内容，只有例子是我亲身经历的。"

我的几个老师就比较慈悲，哲学研究得好，国学也研究得好。都是硕士、博士，有的是教授。我是一周到这个老师家去一趟，一周到那个老师家去一趟。干什么呀？作汇报，我近期都做什么了，哪儿做得不是很对，您老人家要用您的这个学识和眼光给我指出来，缺点在什么地方。

所以我们没事可以找父母，尤其是为人子女的，找找父母，说爸爸，您看我最近是不是哪儿错了？我们会这么做吗？

我经常讲，真正在这个社会中不遇敌人和小人的人，都是会找自己错误的人。我就找自己的错：我哪儿错了？需要改正！别人骂我的时候，我说"对不起我错了"，一句话他就不怒了。再想想他骂我的原因，我肯定错了，不然哪能把人家激怒得那么严重？

连孔老夫子都讲"三人行，必有我师"。那我们要找益友、找良师，就是找朋友、找老师提意见，把我们浮躁的心、高傲的心给降服住，不然就会被社会大流同化，益友就少了，良师就远了。

可是我们现在天天都是指指点点，天天都是教育，说天下人都错了，唯我独尊。看见人总先说缺点，不提优点。我一说那人有点儿优点，还有人跟我来辩论一番，说那都是装出来的，哪是真优点？这个确实有问题。

多结交良师益友，会少走弯路

我们看下一段，"闻誉恐，闻过欣，直谅士，渐相亲"。我们遇到别人称赞、赞叹的时候，不得意忘形，反而应自省，唯恐自己做得不够，做得不好。我们要继续努力，这样就好了。当别人批评自己的过失时，不但不生气，还能欢喜接受，那么真正诚信的人，就会渐渐喜欢和我们亲近了。

我们现在很多人就是承受不起别人的称赞，别人一旦夸我们几句，我们就会得意忘形。我们就不会去想一想，别人称赞我们的目的是什么，我们自己的德行修养是不是如他夸赞的一样。

现在很多人经常做打肿脸充胖子的事情。别人一夸你，就洋洋自得，然后别人再找你借钱啊，找你办事啊，你也不好意思不给人家办，就统统答应下来。

别人夸我们，我们首先要想想自己是否真正做好了。如果没有，那我们就应该"闻誉恐"，要好好反省自己，使自己真正去提高、去进步。这样才能真正提高我们的德行修养。

我们都知道"良药苦口利于病"，可是我们还是不愿意吃；我们都知道"忠言逆耳利于行"，可是我们还是不愿意听。我们都爱听好话，一听到别人说我们不好，这个脸一下就拉得跟苦瓜一样长。

当别人指责我们的时候，我们要"闻过欣"，就是要感觉到高兴，千万不能生气。因为当一个人指责你的时候，第一，他把你当成好朋友了。现在的人们没有几个愿意得罪人的，他这样指责你，是恨你不成器，恨铁不成钢啊。所以你感恩戴德都来不及，你怎么还能迁怒于他呢。第二，他觉得你是个人才，如果不指出来，那你这个人才就毁了，很可惜啊。所以说他是在体谅你，爱护你。可你如果把他当成敌人，当成小人，那就是你的问题了。所以说我们人生在世，如果天天听人夸，那你就走到悬崖边了。你只有常常反省自己，听得进去别人的指责，久而久之，真正的好朋友、知心朋友才会全部被吸引到你身边来。

当你有如此多的良师益友之后，你何愁不成功？人不成功的原因大多是结交恶友，他们让我们染上恶的习惯。一个恶的习惯可以把十几年的成功毁于一旦。

"闻誉恐，闻过欣，直谅士，渐相亲"，用这种方法，你的良师，你的益友，就全部会出现，慢慢聚集到你身边，使你少走很多弯路。

福分够了，劫难自然化解

我们接下来再看这一段，"无心非，名为错，有心非，名为恶"。无心之过称为错，若是明知故犯，有意犯错便是罪恶啊。

你看这个恶底下是个"心"字，就是说你是根坏了。错是什么啊，是枝叶坏了，枝叶坏了修修剪剪，善根还在。要是明知道错，你还要去犯，就是根出问题了。

所以我经常讲，人最爱的是自己，我们天天为自己犯错找借口。我们要学习圣贤教育，就要去落实。我们要对自己的缺点斩尽杀绝，要对自己要求再要求，要对别人更加包容，更加理解，这样才会更好。

当我们命运中真正的劫难到来时，假如你没有足够的福分，是化不掉的。

"行善如春园之草，不见其长，日有所增"。行善如春园里头的草，我们不用管，它都会长得很多，日有所增。"行恶如磨刀之石，不见其损，日有所亏"。我们作恶如磨刀之石，看上去好像没有变化，其实每天都在亏损。所以说祸福是在不知不觉中自动增减的，没有智慧的人是不容易察觉到的。所以我们修炼自己的心性很重要，让我们的善越来越多，恶越来越少。

我们要"时时观心为要"，一发现自己的行为有偏，就要马上修正，这样就不会"无心非"了。

古人曾说："一切福田，不离方寸；从心而觅，感无不通。"意思是一切幸福，都植根于自己的内心，都是从自己心田里生长出来的。所以当我们善念俱足，除去了贪嗔痴之后，我们就没有什么求不到的了。

"过能改，归于无，倘掩饰，增一辜"。勇敢地改正错误，错误自然会慢慢减少，直至消失。如果为了面子死不认错，还要去掩饰，那就是错上加错。

那我们知道错了怎么办？赶快去改。我们现在很多人不改错误，反而会给错误找一个非常华丽的外衣穿上，找出种种理由为我们所犯的错误推脱责任。

就像有朋友说："秦老师，算卦的大师说了，我今年命犯桃花，可以多交几个女朋友。"我跟他讲："你不是交女朋友，交女朋友以后是要当夫妻的，你把自己当公共汽车，光想和人家上床，还要找借口，你哪是交朋友啊？"

你看，我们自己做恶事，还要找借口，把大师都抬出来给自己当挡箭牌。这就是《弟子规》这块讲的"倘掩饰，增一辜"，你要掩饰，明知故犯，罪加一等。

知错要能改啊，你要是知错不改，罪加一等，这个过失就会很重。

第五讲

泛爱众

凡是人，皆须爱，天同覆，地同载。

行高者，名自高，人所重，非貌高。

才大者，望自大，人所服，非言大。

己有能，勿自私，人所能，勿轻訾。

勿谄富，勿骄贫，勿厌故，勿喜新。

人不闲，勿事搅，人不安，勿话扰。

人有短，切莫揭，人有私，切莫说。

道人善，即是善，人知之，愈思勉。

扬人恶，即是恶，疾之甚，祸且作。

善相劝，德皆建，过不规，道两亏。

凡取与，贵分晓，与宜多，取宜少。

将加人，先问己，己不欲，即速已。

恩欲报，怨欲忘，报怨短，报恩长。

待婢仆，身贵端，虽贵端，慈而宽。

势服人，心不然，理服人，方无言。

世间万物，都该彼此尊重

我们接着看《弟子规》"泛爱众"这一篇。"凡是人，皆须爱，天同覆，地同载"。这一句话让我们真的能感觉到博爱的精神在里面，只要是人，就是同类，不分族群、人种、宗教信仰，皆须相亲相爱。同是天地所生、万物滋养的，应该不分你我，互助合作。

古人说："君子所以异于人者，以其存心也。"古人讲，君子为什么和常人不同呢，就在于他的存心。存心善者，不光是天同覆、地同载，和你相处的人都会被你感染，都是祥和一片。

君子所存之心，不仅是爱人敬人之心，还要爱惜生命，这样才能称为一个君子，不然的话就是小人。

人之所以为人者，唯此恻隐之心而已。我们人和动物的不同之处，就在于有这种仁爱、慈悲的心。

"凡是人，皆须爱"，它是针对人来说的。可是我们要做一个君子，做人中的圣贤，那我们不光是对人，对植物、动物，我们也一定要有怜惜之心。

白居易曾写了一首诗讲到，"莫道群生性命微"，他讲这个"群"不光代表人。"群"字的结构我们都知道，一个是君子的君，这旁边是个"羊"。"君"代表着万物之灵的人，"羊"代表着动物界。

我们都认为动物的性命好像很卑微，不如我们人尊贵。我经常和朋友聊天说："你要一只羊死非常容易，请问你要是让死去的羊再活过来，你怎么办？"他说："没有办法。"从这一点我们就可以看到，在面对死亡时，人和动物是平等的，没有高低贵贱之分。

"一般骨肉一般皮"，讲的是当我们眷恋自己的父母乃至子女的时候，动物也是一样的。

"劝君莫打枝头鸟"，就是劝你，不要打枝头的鸟，为什么呢？"子在巢中望母归"。我们的孩子在家里的时候，盼望着父母早日归来，动物也是一样。

再看咱们古诗云："爱鼠常留饭，怜蛾不点灯。"你看，古人多仁慈，爱老鼠常留饭，爱惜飞蛾不点灯。过去点煤油灯，有灯火，所以飞蛾扑灯会死很多。可见古人真是仁慈、博爱到了极致。

所以，我们与人、与动物之间都应该彼此尊重，彼此学习，互相关爱。

"凡是人，皆须爱，天同覆，地同载"，博爱的心先施于父母、兄弟姐妹，逐渐延伸至爱动物，爱惜物命，这才是真正落实博爱，也是我们做人最根本的基石，我们不能小看。

我们在交往中要用无求的心与人交往，即"施恩不求报，与人不追悔"。我们施恩的时候真的不要去求回报，给人的东西就不追悔。

孔子说，"里仁为美"，意思是我们内心要以仁为标准，达到仁的境界，也就是达到了真善美的境界。所以，每一个人自己修身、齐家，进而就很自然地把影响力扩散开来，无需刻意扩大影响。同时也要做到"凡是物，皆须爱"。我们来到这个地方要珍惜所有的用具，让它们真正做到物尽其用，而不是被我们有意损坏掉。我们不要时刻都为自己着想，多关心和爱护我们周围的一切人、事、物，只要人人都有这个念头，那么我们周围的生活环境，也一定会变得像天堂一样美好。

我们一定要明白"凡是人，皆须爱，天同覆，地同载"，我们是被天地滋养的众生，我们博爱的精神由爱父母、爱兄弟姐妹、爱社会、爱国家、爱世界开始，把自私的小爱变成博爱的大爱，我们才真正具备做人的资格，才能真正活出人的味道。

德行不亏，才能让人服气

我们再看"行高者，名自高，人所重，非貌高"。德行高尚者，名望自然高超。大家所敬重的是他的德行，不是外表容貌。

《弟子规》中所讲的一言一句皆具无量意，真的对我们教育子女、严于律己，都有相当大的意义，关键看我们能不能落实。

我们接着往下看，《弟子规》这一块讲到"才大者，望自大，人所服，非言大"。有才能的人，处理事情的能力超强，声望自然不凡，人们真正欣赏佩服的，是他的处事能力，而不是因为他很会说大话。

一个人的能力大小，不在于自己称赞，也并非是因为你的言语，别人就能真正地臣服于你。我以前给大家讲过，听其言，观其行，见其心。听其言只是最粗浅的一方面，最重要的是看行动，看心性，所谓日久见人心。

现在还有很多人盗取很多宗教家、哲学家的言辞，编成一个自己的小册子，美滋滋地好像都是自己的感悟，实际不是，终究会败露啊。一切古圣先贤讲出来的话，一定和自己的心性、境界是相符的，可我们不是。我们讲出来的话只到嗓子眼儿，连心都没入啊，我们根本没有落实下去。

当我们在吹捧自己的时候，我们要想想，我们有没有德行涵养？这个很重要。"涵"是心性，"养"是养德，修养。希望我们真正要有责任感，我们要对得起列祖列宗；我们要有使命感，让我们的子女能为社会、国家做贡献，能做一个有用的人；我们应该"为往圣继绝学"，为过去的圣贤继承他们一切对社会、国家有用的学问；我们要"为万世开太平"，要为国家的兴旺太平做出自己的贡献。

圣贤教诲是一份丰富的文化宝藏，希望我们大家能真正明白。

咱们接着讲"己有能，勿自私，人所能，勿轻訾"。当你有能力可以服务大众、国家的时候，我们不要自私自利，只考虑到自己，舍不得付出。对于他人的才华应当欣赏赞叹，而不是批评、嫉妒、毁谤。

咱们再看下一段，"勿谄富，勿骄贫，勿厌故，勿喜新"。不要去讨好巴结富有的人，也不要在穷人面前骄傲自大或轻视他们，不要喜新厌旧，对于老朋友要真心，不要贪恋新朋友或新事物。

"勿厌故，勿喜新"。现在女的选男朋友，男的选女朋友，恨不得全天下走一遍，为什么呀？喜新厌旧，这也是我们现在的人容易犯的毛病。我们经常听到这样的事：某某女士很漂亮，又有稳定的工作，就有男的狠命追，追到后结了婚，结婚两三年要个胖娃娃。女的就要操心，操心长皱纹，很快就老了，怎么办？开始"除害"，男的又找个更年轻的美眉——与妻子离婚了。这就是喜新厌旧的毛病，他就不懂得，人与人相处，就像酒一样，越久越浓、越有味道啊！

四种圣贤教育，你知道吗？

现在的一种社会现象是，一般人都喜欢和富裕的人来往，和有权有势的人攀亲，这种现象在我们现代社会已经很普遍。

为什么？因为以前圣贤教育有四种，现在我们几乎都看不到了。

过去第一种教育是什么？家庭教育。父母给子女传授富而乐施的思想，富裕时要多去布施，钱财来自于社会要归还于社会；教导孩子们志在圣贤，要当圣人当贤人，能为国家、社会做大贡献。同时，上所行下所效，父母都是以身作则的。

可是现在我们看不到这种家庭教育了。妻子看到丈夫很懒很散漫，生活没规律，心里很难过。可是对自己的儿子，还是会说，只要考第一就行了，什么也不用做。难道你要再培养出一个同样害自己老婆的丈夫吗？这样代代相传培养出来的女人不贤良、男人没智慧，这是谁的过失？所以说现在缺乏良好的家庭教育，除了用钱、物质来刺激自己的孩子外，家长不会使用正确的教育方法。

第二种是学校教育。现在孩子怕谁？怕老师；老师怕谁？怕校长；校长怕谁？怕家长；家长怕谁？怕儿女。这种微妙的牵制关系让我们教育孩子不能得心应手，反而让孩子在老师面前肆无忌惮。看看，家庭教育危害到学校教育不能圆满。

我还遇到很多家长，小孩儿很小就会骂人，他还美得不得了，还赞美自己孩子一下：骂得很好，以后不吃亏。孩子一想，大人都给夸奖了，骂人好！那以后接着骂。你看，这是我们自己找罪受，导致学校教育无法成功。

第三种教育是什么？社会教育。在社会中，我们本来会碰到许多良师益友给我们指出缺点，可是现在的人你夸他，他得意忘形；你要稍微说他，他就面目可憎。所以良师益友全部远离你，社会教育也没有，遇不到纯朴、善良的人来引导你。

第四种教育是宗教教育。我们都知道过去中国有很多寺庙，寺庙里有藏经楼，藏经楼里各种书籍都有，很多书生经常会去请教出家人。苏东坡、白居易这些非常有学问的人都会亲近和尚，并向他们请教问题。

所以这四种教育现在几乎没有了，我们学习《弟子规》真正的目的就是学会做人，做一个有智慧的人。不要认为《弟子规》很浅显。退一步说，如此浅显的东西，我们不能落实不能学会，岂不是更说不过去了？

何为"作之君，作之亲，作之师"？

古时候的圣贤，随时随地都在用他的行为、仁慈的心性来感化和教化大众。真正能做到"作之君，作之亲，作之师"。

为官一方，"作之君"就是要领导好这个地方的大众。周文王在修建官房时挖出一堆白骨，诚惶诚恐，恭恭敬敬摆上香，重新安葬。子民看了就想，文王对去世的人都能如此恭敬，那对活人更恭敬了。这就是"作之君"的表率作用。

"作之亲"就是要养育这个地方的大众。现在大学生、硕士生、博士生很多，我们要用知识、技术服务大众、养育大众，这样社会就会越来越好；而不是上了如此多的学，是为自己要大房，为自己要好车，这种观念会把我们服务大众的仁慈博爱的心思毁掉，贪念会出来。

我们要学习古圣先贤的心量，那是惠及世界的心量；而我们现在的人心量很小，量小福气小，因而不能去把自己服务大众的心量和帮助大众的技术推广开来。所以我们做不到"作之亲"。

"作之师"是要教这个地方所有大众怎么样做人，我们现在也看不到了。

现在很多人出去打着父辈的招牌，实际是在辱没祖德。我们远思要弘扬祖宗之德，近思要掩饰父母之过。可我们现在的人不会扬祖宗之德，天天扬父母的过失，说父母这也迂腐那也迂腐，天天说父母不好。

我经常讲，当你想忤逆、谩骂父母时请三思而后行，哪三思？第一，是你生的他，还是他生的你。如若他生你，从父母命而行之；如若你生了他，那你就可以教育他。第二思，思父母养育之恩。思及父母一点儿过失，就抱怨至极，却忘了父母长期的生养之恩。第三思，思父母忧虑之恩。你上学去了，父母在家提心吊胆，为你担忧。就像我们家孩子第一天上幼儿园，我爱人在家哭了一天，说担心老师不知道他什么时候喝水、什么时候肚子饿。你看一个母亲对孩子的心慈悲到了极致！

当你每次冲撞、谩骂父母甚至想杀害父母时，想想这三思，可能就对自己的心态有所调整。我们一定要思父母之恩德，父母之过错切不可言说。为什么？言父母之过，孝心已失。不听父母之言，不从父母之令，那就麻烦了，你到社会以后就可能不从领导之教，不服国家之管。

我听一个朋友讲，他最喜欢的名言是"发上等愿，结中等缘，享下等福"。发上等愿就是要有远大的抱负和理想，结中等缘就是对任何事情都不要强求，务求脚踏实地、积极稳妥。他享的福是什么？下等福，他们家的电视都是用了十几年的电视。

如此多的模范人物在为我们做形象教育、言辞教育、德行教育，我们没有看到，可我们学换老婆、换老公这种不好的行为怎么学得那么快？

所以我们要"外思济人之急"，就是经常想想别人有没有什么困难，有没有什么需要我们去帮助的，尽心尽力地去帮助大家；"内思闲己之邪"，对自己、对内，"闲"是防范，就是一定要懂得防范邪知邪见。要内思我们是不是想着做坏事，不努力工作。要注意自己说的话、做的事，起心动念是恶的多还是善的多，随时随地觉察自己内心的变化。"务要日日知非"，我们务必要天天检点反省，把自己的过失找出来。不知道过失，自以为是，这是大病。一天没有过错可改，就无法进步，不能进步就一定退步。

"能说不能做，人之师也"，这句话是说这个人说得非常好，虽然不能做，我们也可以把他当老师看待，因为他讲的东西对我们有益处；"能说又能做，国之宝也"，你看孔老夫子，国之宝，至圣先师，那都是我们该学习的，如果我们攻击他那就是错了。

所以《弟子规》讲了了不得的事情，我们老认为它很简单，是小朋友学的东西，其实它很深奥。如果我们真正明白，也不至于发生很多悲剧，要重视个人德行修养的改进，注意感化、引导少年儿童纯洁心态的发展，这才是非常好的事情。切不可让爱富嫌贫、喜新厌旧的心态助长了我们的贪念、嗔恚和愚痴。

说话不注重方法，会妨碍别人

我们再看下面这一段，"人不闲，勿事搅，人不安，勿话扰"。正在忙碌的人，不要去打扰他；当别人心情不好、身心欠安的时候不要用闲言闲语干扰他，增加他的烦恼与不安。

我经常遇到很多朋友非常让人感动，他们每次要跟我联系，都会发一个短信问我现在方不方便通话。而我即使忙，都会惦记着赶快给他回一个电话。你看这种礼尚往来，就会让我们的心情非常愉悦。当然，我也碰到过抓起电话说一两个小时不挂电话的人，他明明是问你问题，可你也没有说话的机会，他只顾自己倾诉。

不仅劳烦别人的时候要注意时机，劝人也需要恰当的时机。穷时给他一碗米，他就可以把你当成终身的恩人；富时给他一斗米，他要把你当成仇人对待。为什么？因为没有粮食时你给他一碗米，他感恩戴德；可当他都成千万富翁了，你再给他送一斗米，他就认为你看不起他。

所以人不闲的时候，心情不好的时候，我们轻易不要去打搅，让他冷静冷静，找一个时机再去劝或者开导，这样才能让他内心世界真正平静下来。我们爱护别人和照顾别人同样也是这个道理，绝不能不分时机地把我们的意志强加给对方。

你用智慧的言语帮助过别人，他就会对你终身感激。不仅如此，你要想发财、想把人脉处理好，说话的技巧和恰当的时机也很重要。因为我们在世间会遇到不同类型的人，他们有不同的背景、不同的个性，我们一定要学习水的精神，用一颗宽容的心去对待别人。

此外，当别人很忙时，要尽量少跟他讲话。我们要请别人帮忙也要看看对方有没有时间。有时候人家正忙着，而你却让人家帮忙，人家很难开口拒绝，在这种情形之下会造成矛盾。

做任何事情都要替他人着想。交朋友贵在交心，我们老是以自己为中心，说话没有智慧、不懂得方法会妨碍别人，这是不对的。

了解自己才算有智慧，了解别人只算聪明。我们要随时随地了解自己这颗心，是长养了慈悲之心、善良之心，还是恶毒之心、傲慢之心，我们要随时观察我们的心，长养慈悲之心，养育我们愉悦的精神财富，这样才会真正快乐。

我们要随时随地观察自己交往的朋友，了解他们的需要。希望大家真正能做到点点滴滴为他人着想。在放假休息的时候，不要轻易把你的朋友往外叫，为什么？他的妻子、孩子有可能等他已久，你叫他出去，他不好推辞，结果就没有办法尽丈夫之责、示父亲之爱，挤占了他和家人相处的时间。

如果我们能真正去落实圣贤人的教育，祝贺你，你会达到人脉第一，德行第一，财富第一！我们在日常生活工作、接人待物中一定要注意这些礼节礼仪，这样会为你今后的前进路途扫除很多障碍，周围的人与你在一起都觉得快乐，那么你的人生就是幸福的人生。

永远看对方的优点

接下来我们讲"人有短，切莫揭，人有私，切莫说"。这一段对我们人生帮助特别大。人与人相处，我们应看到每个人都有优点。

"人有短，切莫揭"，因为我们说别人短处有可能毁掉一个人，一定要明白，嘴巴可是把杀人不见血的刀啊。同样，对于他人的隐私切忌去张扬。现在的媒体很有意思，天天报道明星的隐私，就算挖墙根也要挖出来，我们这些看到隐私的人还美得不得了，明知是错还助纣为虐，可见这是我们最容易犯的通病。

我们应该怎样去把握人生呢？人生在世，可分为3种：第一种人，上等人，人捧人高。我遇到过一些大老板，他们一见面就互相赞赏，看一个赞赏一个。不仅互相赞赏，还能相互合作，共同把事情做得越来越大，成为儒商、佛商、慈善商。

中等人呢？人不理人。我不赞赏你，也不可能和你合作，为什么呀？不能合作，你要占我便宜怎么办？分财产、分钱不公平怎么办？没合作时先言利，以钱来衡量事情，经常起自私自利的心念，老怕别人占便宜，这是中等人。

下等人呢？人贬人低。举个例子，我去过一个商店，卖农夫山泉矿泉水比人家贵五毛钱，我就问为什么，这个人就跟我讲："人家是假水，我们家是真水。"别说合作了，他见一个先贬一个，见一个先攻击一个。

可以看到，想成为上等人，自己要永远先看到对方的优点。夫妻永远看对方的优点就不会离婚，朋友永远看对方的优点就能长期相处。而我们呢，天天对着自己的父母、兄弟姐妹找缺点，天天把父母的过错挂嘴上宣传，这种人太多了。要知道言父母之过，孝心已失啊！

不要去言别人的短处，这是非常重要的事情，我们一定要明白。

生活中难免遇到是非，怎么应对呢？有时候工作做得很好了，同事还是会攻击，我们听到以后没必要难过，因为有如此多的同事关注你，祝贺你，你在他人心目中还是蛮有分量的。你要是没有分量他关注你干什么？吃的是自家的饭却替你操心，你是不是应该感谢他？

那么针对别人提出的问题，我们是有则改之，无则加勉，这是好事情啊。再想想，别人为什么老说你不好，你做事情会不会有时候太武断，没有照顾到同事的情绪？错还在我们自己，不在别人啊！因此，人生活在社会环境中，永远要起慈悲博爱之心，只有此心才是我们人作为万物之灵的最基本素质。我们一旦丢失这两种素质，就如同动物了。

小孩子都是非常纯洁、天真、可爱的，大人该怎样用善良的心性和行为来引导他们呢？很重要的一点是，在孩子面前，在家里饭桌前，千万不要把工作的事情说起来没完，不要把是非说给家人听，不然孩子就学会了。现在很多人在公司遇到不顺心的事，就喜欢把家庭当成垃圾场，一回家就开始倒，全家人受污染，大人受了污染还好，孩子就惨了。

我们家孩子上幼儿园时，有一天下午开家长会，幼儿园的老师讲了一个事情，让我非常感动。有个孩子拉着凳子走，另一个孩子跑过来绊倒了，老师就把拉凳子的孩子训斥了一顿。摔倒的孩子回家后头还疼，就跟母亲说了，母亲立即给学校老师打电话，问明了情况，并赶紧去医院检查，好在并无大碍。第二天，孩子来上课，老师就问他，磕疼了为什么不对老师说，要是磕得重了不就耽误治疗了吗？这孩子就说了："老师，我还没说痛，您就把他训斥一遍了，我就怕说痛，您再训斥他，可能回家他妈妈还要训斥他，本来也是我自己不小心，这个小朋友已经很可怜了。"在场的老师听了以后非常感慨，说四五岁的孩子都能替他人着想，我们现在的成年人还不如小孩子啊。

你看，小孩子的小小举动都能感化我们。连幼儿园的小朋友都知道为他人着想，我们为人父母的，作为一个成年人，能不能做到处处为他人着想呢？

我们要时时能替他人着想，就肯定不会说人的短处，不会揭人的隐私。说心里话，有的人说人是非、揭人隐私，传来传去，就如同蛆在大粪里。我们把它挑出来它还要爬进去，因为它认为那是美餐啊。

所以，爱和敬是一种内化，当一个人用爱心和恭敬心对待这个世界、对待众生时，那他得到的将是世界和一切众生的回报。就像我曾经跟大家说的，地面上海水最宽广，比海更宽广的是天，比天更宽广的是人心。所以人心很重要，长存仁道，这很关键。因为这会体现在你的行为中，进而影响你的朋友和亲人，甚至周边的环境也会因为你一个人而变得越来越好。

金融危机，是从美国开始影响世界的。同理，人与人之间都有间接或直接互惠互利的作用。所以弘扬《弟子规》，需要大家共同推广、共同努力，我们都是一切圣贤人的使者。教育孩子贵在落实《弟子规》，力行《弟子规》，影响孩子跟着我们去做。

所以，孟夫子讲："君子所以异于人者，以其存心也"。存心，就是要存仁慈博爱之心。我们现在的人呢，老想盗取别人的智慧、别人的财产来使自己富裕。有一句谚语说，"站在巨人的肩膀上比巨人更高"。我们要了解字面背后的含义，那就是把巨人的优点学到自己身上，这才对啊。

孟夫子又讲了："君子以仁存心，以礼存心"。"仁"，单人旁一个"二"字，二人同心，互惠互利，你为他他为你。仁者才会爱人，守礼者才会尊敬人，我们应该牢记圣贤人的教诲。

富在知足，贵在知退，福在受谏

再看下一段，"道人善，即是善，人知之，愈思勉"。赞美他人的善行就是行善，当对方知道你的称赞之后，必定会更加勤勉行善。所以我们要经常扬善隐恶。

当我们听到别人说自己不好，我们的情绪就会不好。一听人说，某某人在谁面前说你不好了，我们立马会情绪波动。其实，别人就算骂你骗人，你都没必要生气。人家骂的，是骗人的那个你，那你要是没骗人，为什么要端个屎盆子往自己头上扣啊？自己给自己揽臭气还要生气，不划算。

我们一定要口吐莲花，赞美别人。那样的话气氛就是非常祥和的，这对塑造人格非常重要。同时我们也应该懂得"富在知足"，就算我们没钱买车，骑自行车也要骑得高高兴兴的，因为你获得的是自然风景，快乐都来不及，而别人的小车堵在那里都走不了，你骑自行车多快乐，你难过什么？

"贵在知退"，谦让他人，包容他人，忍让他人，这些都是"退"的体现。你能"退"，说明你很高尚。有一句俗语，"忍一时风平浪静，退一步海阔天空"，如果你能忍知退，你就是一个高贵的人。人的胸怀有多广，就有多大的能力，这就好比一只碗，碗越大装的水越多，是一样的道理。

"福在受谏"，是讲我们要学会倾听别人的劝告，才能少犯错，才能不断完善自己。父母长辈给我们意见时，我们是不是经常嫌他们啰唆而拒绝他们呢？老人的话一定要听。他们吃过的盐，比我们吃过的饭都多，越是老人越有经验，我们应该多吸取老一辈的经验。就算老人说的话对我们没有帮助，但也许是他们有一肚子的话憋在心里，好久没有找人倾诉，因此想跟你聊聊，所

第五讲 泛爱众

183

以你也要耐心地听下去，这也是孝心的体现。如果我们真的能听进去别人的谏言，那我们怎么会无福呢，只可能会福气越来越多啊。

咱们再看下一句，"扬人恶，即是恶，疾之甚，祸且作"。张扬他人的过失或者缺点就是做了坏事，如果指责批评太过分，还会给自己招来灾祸。

扬善可以于大堂，但要说人恶要隐于私室，不要因为几句话给自己招祸。现代社会，行凶杀人的事情经常发生，我们经常会看到很多人，无缘无故被杀死却破不了案，什么原因所致？可能也有祸从口出的缘故。

别人做坏事，我们不是不说，不是不和他斗争，但斗争要讲究方式，注意策略。

光凭一时意气而贸然行事，往往会出现问题，甚至招来大祸。我们的身体受之于父母，我们一定要把自己照顾好。尤其在现代社会中，不要记仇、不要结怨，看人人都是好人，别人错了也对，自己对了也错，如果能做到这些，祝贺你，你会明哲保身了。

劝人没智慧，朋友都没得做

接下来我们讲"善相劝，德皆建，过不规，道两亏"。

"善相劝，德皆建"，说的是朋友之间应该互相规过劝善，共同建立良好的品德修养。"过不规，道两亏"，说的是如果有错不能互相规劝，两个人的品德都会有缺陷。

"攻人之恶，勿太严"，我们在说别人恶事的时候，指正别人的时候，不要太严厉。劝的度没有掌握好，太严厉就会起反作用。"当思其堪受"，就是说我们劝的力度，要让别人刚好能适应，不要说得太激烈，太激烈就会适得其反。

"劝人之善勿太高，当思其可从"，就是劝人善的时候，千万别一上来就用高标准要求别人，要给别人进步的空间和时间。要考虑他能不能接受，能不能和你一块儿进步。这个是很重要的。

即使关系很好，我们也要正确、适度地劝解他人。在劝人的时候，要多用智慧，要巧妙，不然朋友没得做。什么叫作智慧？知道并发现自己的过错还能改正，就叫有智慧；发现别人的过错，天天指责别人的过错，叫犯错。为什么呀？我们只能要求自己，我们对自己的缺点一定要斩尽杀绝，那我们对别人的缺点怎么办？包容加上巧妙地引导，这样就对了。

劝人，最重要的还是靠我们的德行，同时还要注意方法。没有劝好，是我们有过错。第一，德行不好、不够。第二，我们没有注意方法，反而让别人反感。有时候，我们光能说，不能做，导致感动不了别人，错在

第五讲　泛爱众

自身。

劝解还应该建立在信任的基础上，我们必须要有吸引他人的德行，德行可以提高别人对你的信任感。如果你学《弟子规》以后不发脾气了，对父母好了，那你家里人一看，不用你劝他也会跟你学了。

所以《论语》云，君子信而后谏，未信，则以为谤己。就是说，君子该先取得君主的信任后再去进谏；没有取得信任就去进谏，君主就会认为是在诽谤自己。

多给少拿，享上等人的快乐

我们来看下一段，"凡取与，贵分晓，与宜多，取宜少"。这是说取得与给予，一定要分辨清楚明白，要多给别人，自己少拿一些，这样才能广结善缘，与人和睦相处。

明朝有两户邻居，一家有人在朝中当宰相，另一家有人在朝中当尚书。一天，两家人因为院墙的事发生了争执，都说对方侵占了自家三尺宽的地盘，为此两家人都很生气。宰相的家人往京城写了一封信，想让宰相以他的权势来解决这个问题。宰相很有智慧，接到信之后，很快回了一封。信中写道："一纸书来只为墙，让他三尺又何妨？万里长城今犹在，不见当年秦始皇。"家人接到信后，将院墙后撤三尺，对方见此也后退三尺，从而形成了一条宽六尺的街道。这便是安徽桐城名胜古迹"六尺巷"的由来。

我们人的品位不在于你的金钱有多少，不在于你的官职有多高，而是在于我们选择上等人还是下等人的心性、思想、行为和生活方式。上等人赞美别人，下等人贬低别人。那我们的人生怎么选择？很多人不明白这个道理，总爱把自己往下等人甚至下下等人的品味上靠。

我们再看下面这一段，"将加人，先问己，己不欲，即速已"。就是说事情要加到别人身上之前，要反问自己，换作是我这样，我喜不喜欢？如果连自己都不喜欢，就要立即停止。

"己所不欲，勿施于人。"我们要设身处地为别人着想。就像我曾讲过一个博士，他赞叹妓女有功劳，说妓女减少了强奸犯的犯罪率。我说："请问，你有女儿愿不愿意让她做妓女呢？"他说："不愿意。"我又问："你愿意娶妓女当老婆吗？"他说："不愿意。"我说："那就行了。你都不愿意做的事情，你怎么能让别人去做？"所以《弟子规》讲到"将加人，先问己，己不欲，即速已"，错了就快速纠正，不要强加于他人。

所以我们要好好反思一下，周围人对我们都很不好，常常对我们发脾气，原因在哪里？我们要反观回来，你一天到晚吊着冬瓜脸，别人看见你臭着个脸，看见都害怕，那肯定转身就走了。

我们常常以恶脸对人，就像镜子回照一样，别人绝对都是恶脸向你啊，这不是假的。你对别人皮笑肉不笑，还笑里藏刀，那别人对你也是尖酸刻薄。我们不希望自己在言辞上受到诽谤、批评，那我们也不应该去诽谤、批评他人。这就叫"如是因，如是果"，我们能不能懂得？

当我们不希望他人在行为中控制我们怎么办？我们也不应该去冒犯控制他人。说心里话，我们人的烦恼来自两个方面：首先，烦恼来自于控制欲。我们动不动想控制这个，控制那个，恨不得让天下人都听我们的。给别人一提要求、意见，别人没听，我们就烦恼，我们就痛苦。你想想，我们控制欲很重啊。第二个烦恼来自于占有欲。什么我们都想占有，占有大房子，占有好车，占有漂亮的老婆、帅气的丈夫。天天起贪念，欲是深渊，欲深的程度超过海深。欲令智昏，昏迷在欲望贪念里，占有欲一起来智慧就没有了，感情就没了，做人的原则就没了。

"以责人之心责己，则寡过；以恕己之心恕人，则全交"。我经常和朋友聊天说：人最爱的人是谁？是自己。自己犯了天大的错误都能包容。其实我们不懂，宽容别人，其实就是善待自己。我们天天用宽容自己的心态多去包容别人，多为他人着想，这才是真正包容和善待自己的心性。如此就能修正提升自己的品德修养，让自己生活在喜悦之中。这是真的。我们要明白。

我们再看底下，"恩欲报，怨欲忘，报怨短，报恩长"。受人恩惠要时时想着报答，别人有对不起自己的地方，应该宽大为怀，把它忘掉。怨恨不平的事不要停留太久，过去就算了，不要老放在心上处罚自己、苦恼自己。

现在的人是抱怨长，报恩短。这是真的。别人帮了我们 9 次，只有一次没帮，我们都会把别人列到仇人单里去。

我们想想，我们还报恩吗？我们对自己的手足、对自己的父母的攻击有多厉害？我们记别人对自己的不好能记几十年，可是别人对我们的好，我们很难记着。就像我问一位朋友："20 年前，谁骗过你？"他滔滔不绝。我问他："20 年前谁帮助过你？"他说："不知道。"

所以我们要在"恩欲报，怨欲忘，报怨短，报恩长"这句话上懂得道理，要真正从感恩父母开始、恭敬老师开始，这才是真正的报恩，才是真正的尊敬啊，孝亲尊师是根本，孝亲尊师的人才能真正做到报恩长、抱怨短。

我们一定要发自内心地常怀感恩的心。

权势用不好会自残

我们再看这一段，"待婢仆，身贵端，虽贵端，慈而宽"。对待家中的婢女与仆人要注重自己的品行端正并以身作则，虽然品行端正很重要，但是仁慈宽厚更可贵。

我们现在有很多家庭有保姆，有很多家庭会请小时工，我们误以为自己有钱很了不得，对别人指指点点。可是我们要明白，每一个人都可以选择不挣你的钱。我们不该轻视任何一个人。一个人的地位越高，就代表造福社会、帮助大众的责任越重，不要因为自己地位高而轻视别人。

咱们再看下面讲到"势服人，心不然，理服人，方无言"。如果仗势强逼别人，对方难免口服心不服。只有以理服人，才让别人无话可说。

我们有权势、有官位，但权势用不好会自残。有德之人时时在为他人着想，缺德之人随时随地把自己搁在第一位，不会顾及他人的感受和需求。有德和缺德最大的差别就在这个地方。有德之人都是以身示范，感动大众；无德之人就只能用钱或者权力去镇压别人。

第六讲

亲仁

同是人，类不齐，流俗众，仁者希。

果仁者，人多畏，言不讳，色不媚。

能亲仁，无限好，德日进，过日少。

不亲仁，无限害，小人近，百事坏。

如何让别人见到你恭敬又欢喜?

我们接着看《弟子规》"亲仁"这一篇。

"同是人,类不齐,流俗众,仁者希"。讲什么呀?同样是人,善恶邪正、心智高低却是不齐的,跟着潮流走的俗人多,仁慈、博爱的人少。现在社会,人需要的不是教育,是感动。你要是教育他,他比你还能说,那怎么办?我们没有办法要求天下人都和我们一样,可是我们可以要求自己,我们要做出榜样来,影响他人。

这是要求自己的,不是要求别人的。我们很多人喜欢《弟子规》、喜欢佛法,都变成指导员了,天天指导别人,这就错了。我们要干什么呀?指导自己,一定要做出模范来,感动对方来向我们学习,而非要求对方。同是人不假,类不齐啊,观念、思想、行为不同,家庭环境、文化层次不同。所以我们每一个人在真正明白了以后，就要做到把自己的缺点斩尽杀绝，对别人怎么办？用感动的方法、包容的方法，这样就比较好了。

我们来看下面这段，"果仁者，人多畏，言不讳，色不媚"。如果有一位仁德的人出现，大家自然敬畏他，因为他说话公正无私，没有隐瞒，又不讨好他人，所以大家才会敬畏这些人。我们见到某些人，就像见到佛像，不管信不信佛的人都特别恭敬，什么原因呢？佛也好，一切圣贤人也好，他能真正做到不怒自威。现在很多人可怜啊，为了让别人在意自己，为了让别人关注自己，为了让自己出名，都要把丑闻搁在报纸、电视上，为什么呀？增加自己的知名度，这种事情太多了。我们要做到什么？就是不怒自威，让别人见到你既恭敬又欢喜，又能照着你讲的东西去做，这样就了不起了。

春秋时期宋国有一个叫子罕的官员，他品德高尚，为政清廉，从不接受别人的礼物，在百姓中很有威望。有一次一个宋国人怀藏宝玉兴冲冲地找到子罕说："小人专程给大人献宝，请大人收下。"子罕接过宝玉看了看说："您还是拿走吧，我不能收。"献宝的人以为子罕不识货。子罕却笑着说："我以不贪为宝，你以玉为宝，假如我收了你给我的玉，我们两人岂不是都失去各自的宝贝吗？"

你看这个人讲得多好，所以献宝的人听后感到十分震撼和惭愧。子罕以不贪为宝，其高尚品德成为后人学习的榜样。真正的仁士，人多畏，为什么？畏惧他的正直，言不讳，色不媚。

海瑞是中国历史上有名的清官，他铁面无私、明察秋毫，人称为海青天。明朝晚期宦官当政，那个时候社会很乱，但是只要海瑞到的地方，人民都在排队迎接他。因为只要海瑞一来，贪官污吏就自己卷着席铺跑了，这是真的。嘉靖皇帝在位时，信任奸相严嵩，20多年都不上朝处理朝政，一心只顾修仙求道，置国家大事于不顾，导致国库空虚，民不聊生。海瑞非常着急，他准备了一口棺材，冒死给皇帝上书。皇帝看后很生气，说快去把他抓起来，别让他跑了。有人告诉海瑞，说你赶快跑吧，皇帝要抓你。但他以死上书，坚决不跑，于是被判了死刑。后来幸亏皇帝死了，海瑞才保住自己。海瑞去世时，南京万人空巷，老百姓自己披上孝衣送海瑞的棺木离去。所以真正的读书人，只要把圣贤的教育落实起来，就一定会让人感动，甚至能够唤醒每个人善良的心。

为什么每天做早晚课？

有人说自己早上五六点起来，甚至三四点起来念经。

我说："你知道念经的目的吗？"他说："念给佛菩萨听，让佛菩萨看我是个好学生。"听完恐怖啊，为什么早上做早课，为什么？是要学习佛菩萨的慈悲，学完怎么办？我们出了门，坐了公交车让座啊。而不是见一个白发苍苍的老人站在跟前，我们假装睡着，想想是不是这个道理？学习佛菩萨的慈悲，对同事就能包容和爱护。而不是同事把我们稍微得罪一下，我们就吊个苦瓜脸。这才是做功课，不是你给佛菩萨天天念，一个泥像、铜像在那儿，就是真人坐在那儿让你给念，耳朵都听出茧子来了。为什么呀？光说不做，骗谁？骗佛骗菩萨。

贵在落实，晚上做晚课干什么？忏悔。今天是不是没有落实慈悲啊？同事说点儿我不好，我就心里想攻击人家，想诽谤人家；买菜的时候还在挑好的和不好的，还在砍价，砍不下来就不买人家的菜了，跟人家就生气了。我们想想慈悲在哪儿？现在很多学佛的人干什么？跑去买菜专拣好的拿，这哪是学佛？侮辱佛门。你看看释迦牟尼佛托钵出去，人家给什么他吃什么，他还没有说我拣拣呢。

贵在落实，早课是发愿，晚课是忏悔。为什么？发愿没有落实好，晚上忏悔忏悔，明天继续改正，这样才是修行。不是你看佛反正不会动，我给他呱呱呱一下念完就好了。把佛一糊弄，往那儿一搁，有什么效果？我就说了，我说你是念佛经还是锻炼口才呢？锻炼口才念

第六讲
亲仁

195

佛经干什么？你可以看一些锻炼口才的书，如果不是，你又拿着佛经锻炼口才，你不罪重啊？就像现在很多人每天磕了多少个头，简直和锻炼身体一样，我说你是在磕头拜佛呢还是做俯卧撑呢？

我们说话、做事一定要和心性相符，这样才能成就自己。海瑞的门前悬着两行字，是范仲淹先生的名言，"居庙堂之高则忧其民""处江湖之远则忧其君"。这就是说在朝廷当官时要念念想着怎样让人民生活得更好，让人民得到的福利更多。如果到比较偏远的地方工作，也要念念想着怎样做才能对国君、对国家、对社会有好处啊。

你看孔老夫子的言行，感动了孟夫子，范仲淹的一言一行感动了谁？感动了海瑞。而几百年后明朝的海瑞，感动了千千万万的人，所以真诚之心是超越时空的。咱们现在读起佛经，释迦牟尼佛感动我们几千年，我们要真正落实，真干、真做。所以我们要懂，一个真正有德行的人，他的精神生命是无限的。如果有更多的孩子接受圣贤教育，有更多的人民传承圣贤教育，那社会上许多错误观念就能逐渐被扭转过来，将会呈现出一个优美、和谐的社会环境。家庭和谐、物质和谐，这个是大事情，所以我们要落实。

如何避免碰见小人、敌人和仇人？

接下来讲"能亲仁，无限好，德日进，过日少"。

这一句就是让我们要亲近有仁德的人。我们要懂得一点，我们是地球村的人，因为这个地球上有我家、有你家、有他家。在这个地球上，人与人之间都是互惠互利的，我们要多亲近有仁德的人，不光要爱自己，还要爱他人。

亲仁还包括多向有仁德的人求教。我们都知道，古时候学生为了拜见老师，包括帝王招贤，真的是非常谦虚，就是为了跟这些有德行、有能力的人学习。所谓良师益友，终生难求啊！

良师，良是善良，师是以身示范。就是说他不仅有善良的心思，还能以身施教，这个叫良师。人这一生在工作中经常碰到的烦恼无非就是小人、敌人，或者仇人。小人是什么？你要晋升，他来妨碍你；仇人是什么？我们自己做事情没有做好，把人家得罪了，于是变成仇人；敌人是什么？你说往东，他就要往西，天天和你对着干。

那我们怎么样才能在人生的道路上不碰见小人、敌人和仇人呢？我们就要多和良师益友交往，良师会给我们传递智慧，益友会帮助我们在人生道路上纠正已经犯的和将要犯的过错。

遇到良师以后，我们就想多亲近他，因为他的德行、他的修养、他的人格魅力会使你见到他以后主动亲近、恭敬。亲近是形态上的，恭敬是心性上的。只要我们多结交良师益友、亲近仁德之人，一路上就没小人，没人妨碍我们，升职就会升得很快；没有敌人和对头，那我们做事就不会有防范心，不会太操心；没有仇人，我们出门就不用担心有人暗算。

我们每个人都有优点，优点是我们大家应该相互学习，不断发扬光大的。可是，每个人也都会有短处，就需要我们大家相互包容，只有包容才不会敌对，不会敌对就不会斗争。只有这样，才不会有内耗，那我们做事会做得更好，这样我们就会过上好生活。

我们跟良师益友在一起，首先绝对不会违反国家的法律法规；其次，也不会违反伦理道德。这就是亲仁的好处所在，不然你就是活 100 岁也没有任何益处。

我们如果能用一颗包容的心、理解的心去学习别人的优点，那我们的德行和修养就会一天天地增长，过错就会一天天地减少。

当我们发现自己有过错的时候，说心里话，我们是开悟了。我们天天像检察官一样指责别人的过失，实际上不明白，自己的过失比别人更厉害。我们就因为不去改正，不去落实，人生才事事不如意。我们要学会忏悔，知错能改，才能德行日增，过错日减。

我们都知道"孟母三迁"的故事。孟母为了让儿子好好学习，两迁三地。第一次因为他们住在一座山下，山上有很多坟墓。孟子就和邻居的小孩儿一起学着大人跪拜、哭号，玩起办理丧事的游戏。孟子的妈妈看到了，就皱起眉头："不行！我不能让我的孩子住在这里了！"

孟子的妈妈就带着孟子搬到市集，靠近杀猪宰羊的地方去住。到了市集，孟子又和邻居的小孩儿，学起商人做生意和屠宰猪羊的事。孟子的妈妈知道了，又皱皱眉头："这个地方也不适合我的孩子居住！"于是，他们又搬家了。

这一次，他们搬到了学校附近。农历每月初一的时候，官员到文庙，行礼跪拜，互相礼貌相待，孟子见了都一一学习并记住。孟子的妈妈很满意地点着头说："这才是我儿子应该住的地方呀！"

这个母亲很有智慧。所以我常说，你想让你的儿女成龙成凤吗？那首先要让自己成龙成凤。如果你都是虫，怎么生出来龙呢？你要想让你的子女当圣人、当将军，那你就要具备圣人的德行、将军的风范啊！这样培养出来的孩子才能如你所愿。

你看孟母随时都在观察自己的孩子，看孩子的行为有什么需要改正的地方。可我们现在的父母就不会。现在的父母除了忙着赚钱，别的再不会了，忙到没有时间陪伴老人，没有时间照看孩子。我们做父母的，要知道我们对家庭、对孩子的付出是很重要的，要用亲情去感动孩子、影响孩子，这样才能培养出德才兼备的人才。

我们的一个决定、一个思想，都会影响到子女的前途、发展和德行。

我们当地有个风俗，娶媳妇先看丈母娘。要先看看丈母娘有没有德行、有没有修养，再决定要不要娶她的女儿。我的岳母就很慈悲，我爱人出嫁的时候，岳母跟她说了一句话："以后你要是不孝敬你婆婆，被人家认为你很不孝顺，你就没有这个娘家，不用再回来了。"岳母说这一点也是从她母亲那里继承下来的。所以你看，家风很重要啊。

孔子的母亲也好，孟子的母亲也好，很多圣人的母亲，为了孩子的前程，在怀孕期间都做到了口不恶言，眼不恶视，心不起恶念，行不作恶行。所以生出来的孩子才会有德行、有修养、有圣人风范。当我们的孩子不听话、我们的家庭不和睦时，我们应该想想，错是不是在我们自身，而并非他人。我们有没有把圣人的教诲落实下来，这个很重要。

而且，真正的仁师对我们帮助很大。我现在还记得我一年级的老师对我的教育和鼓励，让我明白了什么是仁慈，什么是师德。我每年回去还会买东西看看老人家，一直坚持20年了。良师是引导我们、让我们少走错路的人，益友是监督我们、帮助我们少起坏心的人。

我就遇到一个人特有意思，他很感谢他的朋友。他本打算跟老婆离婚，和他朋友一聊，结果他朋友讲了一大堆他老婆的好处，他自己一想好像还真是，不离了。
要是碰到坏朋友，就说："赶快离，女人如衣服，天天
换多好。"你看，好坏朋友对人的一生影响很大，是进
步还是退步，和接触的人有很大关系。

亲近小人，祸害无穷

我们再看下面这句，"不亲仁，无限害，小人近，
百事坏"。

如果不肯亲近仁德君子，就会有无穷的祸害。因为
小人此时会乘虚而入，跑来亲近我们，给我们灌输一些
杀盗淫妄的恶思想，日积月累，我们的言行举止都会受
到他们的影响，这个危害很大啊。

我就听到一个朋友说，他有个朋友，本身是个很本
分的人，可不知道听谁说开录像厅很赚钱，就把好好的
工作辞了，和别人一起开录像厅。他们在录像厅里天天
放一些黄色淫秽的东西，靠这个赚钱。有一天他没在，
他女儿来录像厅找他，结果他的这个合作伙伴就把他女
儿拉进去看，看完以后就把他女儿强奸了。

你看看，近小人，百事都坏，还会殃及自己，这是
真事啊。我记得以前在报纸上也看过一件事，说夫妻两
个爱在家里看黄色碟片，他们家里头招了一个工人，有

一天工人看他们夫妻都出去了，闲着没事就把他们的碟片翻出来了。结果看完以后，把他们的两个女儿都强奸了。两个女儿一个 12 岁、一个 8 岁，这么小就受到这么大的伤害，多可怜啊。

所以我们一定要多亲近有仁德的人，并且去学习，去落实。现在仁德的人不好找，那我们就找古人啊。你可以找孔子做朋友啊。这样我们就有约束力，就容易成功啊。当我们真正把圣贤教诲落实下来以后，我们还能通过自己影响到家人、朋友，这样大家就都知道要亲仁德、远小人了。

我们再看齐桓公的教训。齐桓公是春秋时期著名的政治家，但晚年生活腐化、宠幸坏人。他宠幸易牙、竖刁和开方三人。易牙为了让齐桓公尝到人肉的味道，不惜把自己的儿子杀掉。而竖刁为了亲近齐桓公，主动把自己阉割成为宦官。开方为了讨好齐桓公，15 年都不回家看父母。

这三个奸臣，能杀死自己的儿子，自己阉割自己，背弃自己的父母，这样的人怎么能靠得住呢？这样的人对别人好，一定是冲着别人的权势和钱财去的，不是真的好啊。后来齐桓公病了，这三个奸臣原形毕露，封闭宫门，把重病的齐桓公软禁，让他活活饿死在病榻上。你看，这就是齐桓公亲近小人的下场。真是"不亲仁，无限害，小人近，百事坏"啊。

第七讲

余力学文

不力行，但学文，长浮华，成何人。

但力行，不学文，任己见，昧理真。

读书法，有三到，心眼口，信皆要。

方读此，勿慕彼，此未终，彼勿起。

宽为限，紧用功，工夫到，滞塞通。

心有疑，随札记，就人问，求确义。

房室清，墙壁净，几案洁，笔砚正。

墨磨偏，心不端，字不敬，心先病。

列典籍，有定处，读看毕，还原处。

虽有急，卷束齐，有缺坏，就补之。

非圣书，屏勿视，蔽聪明，坏心志。

勿自暴，勿自弃，圣与贤，可驯致。

死读书，增长的只是浮华

我们接着往下看，"不力行，但学文，长浮华，成何人"。这里讲到如果不能身体力行孝道，只是一味地死读书，纵然有些知识，也只是增长自己浮华不实的习气，变成一个不切实际的人，如此读书又有何用？

就像我们今天在听《弟子规》，那我们回去就要赶快落实，不能光听不落实。如果你们光听，觉得我讲得还不错，把我讲的东西给这个一讲，给那个一讲，人家夸你理解得这么好，讲得这么好，你的傲气是不是就起来了，浮华是不是就起来了？

《弟子规》不是拿来背的，是拿来做的，儒家经典也不是拿来检查对照别人的，而是用来修正自己错误，提高自己德行的。

现在很多博士、硕士，别人一夸奖他们，说你们学历这么高，一定是家风很好，才能教育出这么优秀的孩子，可他却说：和父母没关系啦，他们是文盲。你想想，这样傲慢的人连自己的父母都不知道尊敬，又怎么会赢得别人的尊敬呢？

我们再往下看"但力行，不学文，任己见，昧理真"。如果只是一味地做，不肯去读书学习，就容易依着自己的偏见做事，蒙蔽了真理，也是不对的。我们一定要在实践的同时，努力学习知识。这样就有准则，不然容易学偏。我们有准则以后，就依着准则去落实。我们要依谁的准则呢？要依圣贤的准则。

怎样学习圣贤教诲？

接下来我们聊聊在学习圣贤教诲的时候，要用什么方法？

下一句讲到"读书法，有三到，心眼口，信皆要"。眼到，读书要目不斜视，正视书本。因为一切书籍都是我们的老师，我们要尊重书本。第二个是口到，你不光是要看，嘴巴还要读出声音来。第三是心到，眼不斜视，口齿吐字清晰，然后做到心无杂念，这才是认真读书。

咱们看"王湛读书"的故事。王湛是南北朝时期著名的学者。自幼喜欢读书，他干什么都很认真，读书的时候专心致志，即使有再大的干扰也不分心。有一天，王湛和同学正在学堂里读书，忽然外面传来了一阵锣鼓声，十分热闹。原来，附近一家有钱人家正举行婚礼，许多同学都坐不住纷纷去看热闹，不一会儿同学们都跑光了，只有王湛坐在自己的座位上一动不动，继续阅读文章。老师见到王湛，这六七岁的幼童就有这样大的自制力，十分佩服，后来王湛终于成为一位著名的学者。

你看，这才是真正用心读书。我们要能控制自己的情绪、思维，否则你永远控制不了自己的未来。我常讲能控制自己情绪的人不用算命，不用找好风水，因为命由自己掌控，哪用把命运交给风水大师、命运大师？

接下来我们讲"方读此，勿慕彼，此未终，彼勿起"。这是告诉我们研究学问要专一，要专精才能深入。不要刚学点儿这个，又跑去学别的。

现在人心很浮躁，经常把自己当成小白老鼠，乱做试验。今天学这，明天学那。学了一大堆，可是对自己有没有帮助？没有，既浪费时间，又浪费金钱。

我们研究学问，要专一，要专精，才能深入。现在很多人好像什么都知道，可是没有一样精通，这就错了。我们学习圣贤教育，最起码要跟随老师学5年。5年学懂、学明白，这样你再去广学、博学才对我们有帮助。

《弟子规》这本书了不得，可以说从出生到终老，我们都该学习。《弟子规》把孝亲、尊师、交友、夫妻相处全部都讲到位了，我们不能轻视。如若轻视此书，相当于我们失去了一位圣贤老师。

现在的人很浮躁，认为自己上了点儿学就了不得。要明白，我们学习是为服务大众而学，并非为骄傲自满而学。大学生、硕士生、博士生，我们不能被这几个字压死了。

"方读此，勿慕彼，此未终，彼勿起"，这句是说不能这本书才开始读没多久，就惦记着其他书，这样永远也定不下心，必须把这本书读完才能读另外一本书。不仅是看书、学习，我们的工作也是一样。我们去公司的时候也要选择——选择你的人生，你是来学习，还是来打工的。

现在的人比较可怕，"生命不息，跳槽不止"，一生都在不断地换工作，浪费自己的生命和时间。结果，我们在这个过程中并没有学到当老板的能力，却只是学会了打工的能力。

你知道自己为什么总犯小人吗？

经常有朋友问我，老犯小人怎么办？我说："知道什么原因吗？因为你是小人。这叫物以类聚、人以群分。"当我们认为人家是敌人的时候，实际我们在人家心里也已经是敌人了。

我们学习，最该习得的是德行、修养、人格魅力。你看，古人造字很厉害，"人"字，一撇一捺。一撇为站起来，一捺为蹲下。能站起，又能蹲下，这样我们的人生能伸能屈，方为圆满。还有另一种理解也很精辟：撇开一些就不苦了，做人能放下一些东西就可以轻松很多；捺住一些就成功，能坚忍常人不能忍受的就可以成功。

我最近还在研究舍得的"舍"字，这个字了不得。我们不光是要能舍得我们的面子，还要学会多弯腰，舍弃权力，还有这个口也要舍。我们现在的人说话尖酸、刻薄，说话都有口臭。我们要懂得，夫妻口臭容易导致离婚，手足口臭容易导致大打出手，对父母口臭容易导致父母寒心。

所以我们在学习《弟子规》时，一定要深入，长时熏修，不光要学习，更要落实、推广。我们去任何一个公司和单位，一定要抱着学习的态度。实在不行，你可以在公司内变动，没必要生命不息，跳槽不止。

《弟子规》不仅是书，更是恩人

再看下面一句，"宽为限，紧用功，工夫到，滞塞通"。

我们在制订读书学习计划时，时间不妨宽松一些，但实际执行时就要加紧用功，严格执行，不可懈怠偷懒。日积月累，功夫就深了，原先我们不懂得的地方，自自然然就能明白。所以"用功日久，而一旦豁然贯通焉，则众物之表里精粗无不到，而吾心之全体大用无不明矣。"

现在的人比较可怜，经常不会规划时间，常常日夜颠倒，白天提不起精神，晚上经常熬夜，透支了很多养分，导致我们未老先衰，很多年轻人生病。

《弟子规》不光是一本书，还是一个恩人、一个老师，它会让我们在人生道路上少犯很多错误。大家一定要把我们的人生规划好，不要天天什么事都不做，还很忙的样子。人生真正干事情的时间也就 30 年，出生到 20 多岁一直在上学，20 多岁以后开始工作，到 50 岁体力就逐渐不足了。

下面讲到"心有疑，随札记，就人问，求确义"。求学当中心有疑问，应当随时做笔记，一有机会就要向良师益友请教，务必弄明白它的真理。我们现代人比较爱面子，不懂装懂，还要乱讲，给自己扣很多帽子。而且为了面子，我们一直在做损害自己人格的事情。

我们不懂就不懂，一定要向良师益友诚恳地学习。良师是我们人在世间可遇而不可求的老师，他教给我们的都是真切的道理。良师能够用亲情去教育、用身体力行去影响我们。益友呢？一定会劝你孝亲尊师，对家负责。

我们再看下面这句，"房室清，墙壁净，几案洁，笔砚正"。房室要清，现在很多人，人看着蛮漂亮的，可是不敢去他屋里，因为那里如同猪窝。一聊天，他就说要做大事，可"一屋不扫，何以扫天下"？小细节对我们的人生也是很重要的。家里的墙壁上不要乱涂、乱画，书房要整理清洁，书桌上笔墨纸砚等文具要放置整齐，触目所及皆是井井有条，才能静下心来读书。很多人在外面打工，都是自己住一间屋子，所以一定要学得勤快点儿，把屋子收拾得干干净净，这对我们的心情有好处，也对提升我们的人格魅力有帮助。

下面这段讲到"墨磨偏，心不端，字不敬，心先病"。古人用毛笔，写字前先要磨墨，如果心不在焉，墨就会磨偏；写出来的字如果歪歪斜斜，就表示你浮躁不安，心定不下来。

的确，看一个人写的字，就可以感觉到这个人的心是平静的，还是急躁的。有一次，一位领导拿一幅字给我看，问我写字的这个人怎么样。我说了一句："此字看着实里有虚。"他问为什么，我说："你看，他写的字与他的心性有关，这个人有可能在做行政，可是官为副职。为什么？因为在写字的过程中，他心里老惦记什么时间当正职，因此字也就实里有虚、虚里有实。"

最后一问，这个送字的人还真是做行政的，是一个副职。因此，字是能看出心性来的。写出来的字如果歪歪斜斜，就表示我们的心浮躁不安；如果字的笔画很强直，不柔和，就表示这个人的个性很毛躁；如果写字下笔很重，就表示这个人很倔强。

我们现在是用钢笔写字，一样可以体现出来。现在很多学历高的人写字，老感觉像小虫子在那爬字，不像是写的。

爱书敬书，读圣贤书

咱们再看下一句，"列典籍，有定处，读看毕，还原处"。这是讲对书的尊敬。书籍课本应分类，排列整齐，放在固定的位置，读诵完毕需归还原处。

我们再看这一句，"虽有急，卷束齐，有缺坏，就补之"。虽有急事也要把书本收好再离开。书本是智慧的结晶，有缺损就要修补，要保持书本的完整。

我们要爱惜所有的书，因为书是我们的老师。据说孔子到了晚年，喜欢阅读《易经》。《易经》是一本很难懂的书，孔子一遍看不懂，就看两遍，反复学习，一直到学懂、弄懂为止。当时还没有发明纸，书都是用竹简做成，再用牛皮绳穿起来的。因为每天翻阅，穿竹简的牛皮绳都磨断多次，而每磨断一次，孔子就再整理一次，使这些书一直保存完好。这一方面反映出孔子很刻苦，另一方面可以看到孔子十分爱护图书。古人讲得好：智慧从诚敬中得，一分诚敬得一分智慧，十分诚敬得十分智慧。所以我们要爱惜书籍。

我们再看这句，"非圣书，屏勿视，蔽聪明，坏心志"。这段非常重要，是讲不是传述圣贤言行的著作，以及有害身心的不良书刊，我们都应该弃之不看，以免身心受到污染，智慧遭受蒙蔽，心志变得不健康。

最出名的毁谤古圣先贤的东西，就是李宗吾写的《厚黑学》，可他自己没有因此发财，晚年穷困死于中风。曾经有一阵"厚黑学热"，企业家之间互相送《厚黑学》，结果黑了多少人进监狱，黑了多少人偷税漏税受罚，真是把人黑死了，这是《厚黑学》客观上给我们带来的负面影响。

再加上现在的很多人经常上网，都不看书，在网上看一些杀盗淫妄的内容，导致现在少年犯增多。小小的孩子不会读书，会抢劫。两三岁的孩子唱情歌比我们唱得都好听。我们想一想，我们现在的心性污染到了什么程度？

现在还有很多书上教你错误的成功方法，要不然就是教你追女朋友的秘诀，教你很多乱七八糟的手段，再要不然就写一套女人怎么傍大款的技巧。这都是什么书啊，恐怖到了极处。

所以非圣贤书我们不能去看。它有什么坏处？"弊聪明，坏心志"，让我们满脑子想的都是乱七八糟害人的东西。有很多人在网络上，看完网络上的游戏，拿枪在现实生活中打人、杀人。我们现在有很多孩子杀父亲、害母亲，什么原因？网络上学的，这是真的。

现在网上色情片很多，讲婚外情的片子也很多，导致人都不学好，以为结婚离婚是家常便饭，导致很多家庭破裂。单亲家庭的孩子没有人教育就成了少年犯，害人不浅。所以我们一定要告别不良媒体，珍视宝贵生命。

父母给你生命，圣贤书给你智慧

《弟子规》这本书，从开头一直到结尾，都非常重要，我们一定不要轻视。它在总叙时就给我们讲到，"弟子规，圣人训"。圣人，真正成为严格意义上的圣人，他所讲的东西，任何时期，任何国家，任何民族，甚至不同宗教信仰的人都能接受。因为真理不会随着时代的变迁、时间的推移而改变。

古人很有智慧。《弟子规》最开始讲"入则孝"，讲到一个最根本的问题，就是世上一切道德、爱心、慈悲，全部的根基都在孝道上。离开了孝道，慈悲不存在、

第七讲 余力学文

博爱不存在、所做种种善事皆不存在。

《弟子规》的结尾也很重要。"非圣书，屏勿视，蔽聪明，坏心志"。今天我们把开始和结尾连起来，看看圣人给我们传递了什么样的方法。

一切的德行、慈悲、博爱，所作种种善行、善言、善心，根基皆在孝道之上。一个人，即使把所有的钱财分给世界上的一切苦难人民，但如果不孝敬父母，也不能算好人；一个人的道德之名，即使传遍地球，只要他不能做到孝敬父母，此德也为假非真；一个人即使常存慈悲之心、博爱之心，但若不能孝敬父母，此心也非真而假。这就是圣人给我们所讲的孝乃万善、万德、万慈、万爱之根基。

而要想真正明白如何孝敬父母，怎样培德、培慈、养口、养身、养心，必须从小选择圣贤书，所以《弟子规》结尾讲到"非圣书，屏勿视"。

圣贤书会教导我们成为一个真有德、真有慈悲、真有博爱心的人。那我们要是去看《厚黑学》之类的书呢，天天想着害人，那就惨了。书是能养我们的心、行和口的非常重要的东西，所以《弟子规》最后给我们讲得很清楚。为什么非圣贤书不能去看呢，因为"蔽聪明"。

真正聪明的人，会做人的人，是以财发身的人。他有钱以后，懂得去帮助所有需要帮助的人，这样才是有智慧啊。我们要是看了这些不是圣贤人讲的东西，就会没有智慧。我们的心性、行为就会变得自私自利。

我们的文化如同一棵 5000 年的古老树木，它的叶子能适应每一个朝代、年代，甚至每一天，能够帮助人们变得又聪明又有智慧。时间久远的东西经过了时间的考证、大众的落实，能流传至今，一定是精华啊！

非圣贤书，不光蔽聪明，还会坏心志。善是由我们这个心所发，恶也是从我们这个心所发，善恶同出一源，都是我们的心所发。有人问我，善恶用什么标准来衡量。我说按我们现在的衡量尺度，最基本要把握住两条：第一，不要违反国家法律法规；第二，不能违反伦理道德的准则。这两条做好了，真了不得，你就可以在现在这个社会，成为一个善人了。

我们一旦看了不该看的书籍，就会坏掉心智，那是很可怕的事情。就像现在很多人说，"人不为己，天诛地灭"，这句话害了多少人啊！我会对说这句话的人说，你只知其表不知其里啊！这句话的真实意思是，你不为你自己着想，不用"我为人人，人人为我"的方法帮自己，反而用自私自利的方法害自己，你既然这么不为自己好，天也会把你诛掉，地也会把你灭掉。

为什么《弟子规》在末尾讲到圣贤书的问题？因为父母给我们生命，圣贤书给我们智慧。所以《弟子规》第一篇讲到"首孝弟"，最后一篇让我们"养智慧"。

给子女宣传"得"风，就失了德

下面讲到"勿自暴，勿自弃，圣与贤，可驯致"。一个人不可以没有自信、自立、自强的念头。自信建立在选择圣贤书籍，良师益友上面。自己选择了圣贤的理念，亲近了良师益友，我们的志向将会自强不息，志向有了以后我们就会自立，去落实圣贤所讲，在我们身上一定会散发出圣贤的德风、德行。

曾国藩就是以《了凡四训》作为家训，到现在，曾氏家族还特别兴旺。再比如梁启超的家族，他的9个子女都是比较有名气的学者。我们想想，父亲的德风吹到子女身上了，家族就兴。孔夫子的德风吹到后世，影响到将近80多代孔子家族后裔。这都是德风啊！

我们每个人都在给自己写历史，一定要写好啊。正如孟子曰："人必自辱而后人辱之，家必自毁而后人毁之，国必自伐而后人伐之。"

教授嫖娼被报道出来了，这是自辱；社会上各种评论出来了，就是别人辱他了。我们做事做得自己看不起自己，那别人不尊敬你，也是活该。我们做人做事，抹黑很容易，擦干净很难。我们经营自己的人生，千万不要去自辱。

孟子又讲到"家必自毁而后人毁之"。我经常说，夫妻之间有一柄尚方宝剑，拿到手里就不离婚。很多人天天追着我问什么是尚方宝剑？我说："什么叫尚方，就是要抬头看人不要低眼看人。永远看对方的优点、好处，就不会离婚；老看他的缺点，久而久之就离了，所以这就是夫妻能白头到老的缘分。"

我们要反省，他没有优点你能嫁给他吗？结婚这个举动已经很伟大了，那为什么不能更好地相处下去？你天天找丈夫的缺点，可能就会约个异性聊天，说丈夫这不好、那不好。这男士一听对你就起邪心了，这就是婚外恋的开始啊。你要天天夸你丈夫这么好、那么好，这男的一听，没机会了。

一个人连丈夫都看不起，能看得起你吗？一个人连老婆都看不起，能看起你也是假的。要不我经常讲夫妻关系像个城堡，不怕外面人攻击进来，只怕里面人闯出去。

我们再看"国必自伐而后人伐之"。这就像手足不能和睦相处，那别人就会挑拨离间，让手足相残，失去了手足之情。《尚书·太甲》云："天作孽，犹可违；自作孽，不可活。"

孟子又说："天下之本在国，国之本在家。"一个社会的安定，就是犯罪率的下降，可是我们现在犯罪率却在不断上升，而且罪犯越来越年轻。因为我们给子女宣传的都是"得"风，天天讲究"得"。我们现在的人本末倒置得很厉害。所以希望大家真正把《弟子规》落实到自己家庭，把德风延续下去。

家之本在身。《大学》云："自天子以至于庶民，壹是皆以修身为本。"从这些经典中我们可以看出，不管是谁都必须以修身为重。我们要引导孩子从小接受圣贤教育，先扎德行的根基，不要把孩子和自己再当成小白鼠做试验，今天选这个书明天选那个书。

我们学习《弟子规》要深入，如何深入，要先理解其中的含意，再去行动，理解后一定要落实。

学习圣贤教育，重在立志立行

我们学习《弟子规》不是给孔夫子学的。我们早上念《弟子规》，是提醒我们在生活中、工作中、学习中，待人接物要怎么办；晚上念《弟子规》，是为了检查今天的行为还有哪些地方不符合圣贤教诲。

学习圣贤教育，首先要做什么？立志！一定要立志。我就立志推广孝道。我经常跟朋友说，说不定我就是秦桧的后代子孙，他辱没祖宗之德，我就给他扭过来，这叫知耻而后勇啊！

其次要干什么？要立行。我们捐赠时，从来不宣传，因为救急救不了穷。我们真正该做的是什么呢？教育。

把我们的德行、修养提升起来，这样就不会出现擅挪善款，去靠着这个骗钱、害人的现象，这才是根本途径。这是我们为什么推广《弟子规》的原因，也是解决现在这种混乱观念和思想的最根本途径。

我们最重要的目的，其实是想让大家真正懂得圣贤教育、落实圣贤教育，这样久而久之，社会风气也就好了。

能体现"立行"这两个字的是什么？"道"。一个"辶"，里面一个"首"。"首"是什么啊？首先做到，代表立行啊，即有道德的人首先要立行。正如一位小朋友在日记里写的："《弟子规》不是用来背的，而是用来做的。"立行不光是在家庭中，在工作中，在经商中，在和朋友、兄弟姐妹的相处中，全部可以落实到。

没学《弟子规》前，我们感觉德育教育不能与生活联系在一起，似乎山穷水尽疑无路；学了《弟子规》以后，德育教育才与生活水乳交融，可谓柳暗花明又一村啊！

德育，厚实而鲜活，"圣与贤，可驯致"。做现代的圣贤，也不是难事：说出来做到了你就是圣贤。你又能说，又能落实，圣人的德风在你身上光大了。贤人也好做，别人一说你哪儿不对，马上改正落实。祝贺你，你已经具备了贤人的德风了！这两种人就可以成为现代圣贤。

　　《弟子规》是我们人人该学、该落实的一本书。希望大家今天真正明白，"德风广吹"，"德"是有德的"德"，而不是得到的"得"，我们一定要把字义给弄明白。知道、悟到、做到才能得到。

附录

纪念我的爷爷秦广文

我是典型的八零后，过去没有任何信仰，自己是农民，又是个文盲。现在能经常为大家讲课，是基于祖先的恩德。由于家庭的特殊原因，我从小没能得到父母很好的照顾，只上了几年小学，

我和爷爷

是爷爷奶奶把我养大，所以我跟爷爷奶奶非常亲。在讲课时，我经常提到爷爷，他是我生命的贵人，我没有受到过很好的来自父母的家庭教育和学校教育，真正受到教育就是爷爷对我的教育，以及长大后受到儒释道传统文化的影响。

爷爷十四岁参军，是位老革命，为人忠厚善良，参加过平津战役、华北华南解放战役等很多战役。他小时候家里贫困，文化程度不高，但在部队里受到了很好的教育。爷爷家里藏书很多，经常跟我说："孩子啊，爷爷什么都给你留不下，只能给你留下这些书。"我很小的时候，爷爷就教我学习《党章》，教育我要感谢毛主席，感谢共产党。爷爷在世时，每天早上起来的第一件事就是向家里挂的毛

主席像和十大元帅像三鞠躬。在工作中，爷爷甘于奉献，从不计较个人得失。我记得有一年爷爷因为工作表现突出，组织奖励了一台在当时还很少有人用的家用电器——电风扇，爷爷一直都没用，好几次找组织要把这台电风扇退回去，他认为他只是做了自己分内的事情，不能领受组织的奖励。就连爷爷在世的最后几年，由于身体不好，组织安排每个月给他600元护理费，他也要求家人不要去领，不给组织添麻烦。爷爷的这些言传身教对我有很大的影响。

爷爷在我小的时候，就带我学习《弟子规》和《三字经》，为我以后学习和弘扬传统文化打下了基础。我的整个家族是没有信仰的，我的父辈，亏孝亏得特别重，啃老，不仅不孝敬老人，还总花老人的钱。所以我的父辈一生都特别坎坷，运势很弱，都不如爷爷。爷爷经常想，我们家族的命运环境，能不能通过我改变呢？几年前我发心讲解《弟子规》，也是受爷爷的影响。

在生活中，无论遇到什么样的困难，爷爷总是用《弟子规》教导我，对父母要圆满孝道，对兄弟姐妹要力尽悌道，对朋友要诚实谨信，好好做人。他用自己的智慧为我的生命注入正能量，因此，在人生的最低谷，我一直没有放弃想办法改变自己的命运，进而也通过自己的努力改变了整个家族的命运。所以，在讲课的过程中，我一直强调，人生道路的好坏都是自己走出来的，福祸是我们自己掌握的，与神没关系，与风水大师没关系，风水命运全在自己身上。我能有这些认识，都源于爷爷的教诲。

我的爷爷秦广文离开我们已经七年了，他的音容笑貌、他的仁厚慈爱、他的高尚品格和谆谆教诲历历在目，深刻地影响着我、感染着我、激励着我，我为自己拥有这样一位伟大的爷爷而骄傲自豪。爷爷为新中国的建立做出了很大的贡献，也为他的子孙后代做出了表率。

爷爷年轻时参军照片

爷爷秦广文1929年出生在河南省偃师县打口镇，1943年1月在河北省参加八路军。同年8月在华北补训兵团四旅十三团二营九连任班长。之后任军区教导大队三中队任分队长、九旅十五团四营十六连任文教干事。

1950年10月至1952年5月在四野补训二师五团一营二连任文化干事，在湖南军区航空站供应处运输股任股长；同年5月至1953年12月在空军二十三师营机科任科员。

1954年1月由部队转业在眉县横渠卫生协会、税务局工作。

1958年3月至1959年1月在高庙乡下关农业社、眉县铁厂劳动锻炼。

1959年1月至1960年8月在眉县八一水泥厂任生产干事。

1960年8月至1961年8月，在周至铁厂任冶炼车间主任。

1961年8月至1963年9月在齐镇机械厂任采购员。

　　1963年9月至1969年5月先后在眉县手工业经理部、眉县工交局工作。

　　1969年6月至1980年6月在眉县产品购销公司工作。

　　1980年7月至1988年5月在眉县经委供销公司工作。

　　1988年5月经组织批准离职休养后在常兴街道居住至今。

爷爷获得军功章留念照片

华北解放纪念奖章

共和国创立者奖章

1937-1945独立自由奖章

1937−1945 独立自由奖章

解放华中南纪念章
中南军政委员会颁发

　　爷爷的一生奉献给党和国家，曾获得很多军功章。

　　爷爷说，他是中国农民的儿子，他深情地爱着祖国和人民。爷爷常常教育我：爱国是人的本分，要把爱国深深扎根在人的本能和感情之中。国是大的家，家是小的国，爱国、护国、强国，人生才会幸福！

　　谨以此文纪念我的爷爷秦广文！

秦东魁

2016 年 5 月于北京